GIORGIO CAPRONI

THE EARTH'S WALL
SELECTED POEMS 1932–1986

TRANSLATED BY
NED CONDINI

Chelsea Editions

Chelsea Editions, a press affiliated with the literary journal CHELSEA of
Chelsea Associates, Inc., a not-for-profit corporation under section 501 (c) (3)
of the United States Internal Revenue Code, has the support of
the National Italian American Foundation (NIAF) / Sonia Raiziss Giop
Foundation Grant in Translation.
Other financial support comes from the Sonia Raiziss Giop Literature Fund
of the New York Community Trust, and from Ginger Agron.

Cover: Untitled, 1951, by Piero Leardi
Cover design and typesetting: M² Design Solutions, Annandale, NJ

Library of Congress cataloging-in-publication data

Giorgio Caproni, 1912–1990
The Earth's Wall: Selected Poems 1932–1986
Giorgio Caproni; translated by Ned Condini. p256 cm.
ISBN 0-9725271-2-5
1. Caproni, Giorgio—Translation into English
l. Condini, Ned, 1940- ll. Title

Manufactured in the United States of America
by Thomson-Shore, Inc.

First Edition 2004

CHELSEA EDITIONS
BOX 773, COOPER STATION
NEW YORK, NY 10276-0773

Contents

**da *Poesie Postume* / from *Posthumous Poems*
(1943–1995)**

PREFACE

When published for the first time in Italy in 1989, the completely revised and amplified collection of Caproni's poetic works allowed us to finally do him justice. For quite a while Caproni seemed to be an outsider. He was never mentioned as a possible third pretender after the ensconced pair of Montale and Luzi. And Saba, one of the poets more often compared to him, was surely an imperfect approximation, if one considers his spiritual apprenticeship. Saba is the poet of the private life; young Caproni stemmed from a post-Carduccian culture, belated but also more popular than the poets of his generation. To me, as someone who in the late nineties has picked Caproni as one of the better Italian poets of the twentieth century, a presentation of his works in this country where he is not known is imperative.

I wanted to translate Caproni's unique poetry because it is fresh, intelligent, and so rhythmical as to often become sheer music. Brilliant assonances of course can be found in other poets of our time, but Caproni's intricately melodic poetry has grown upon itself by endogenous strength. Whoever reads his verse backwards, from the most recent to the earliest, will discover its unarguable musical continuity. Perhaps only Zanzotto can construct a sonnet as well as Caproni, solemn recitative or humble and deeply euphonious; no one else has such a veneration and taste for rhyme—veneration and taste integrated by subtle metrical variants and inventions, enjambments, ellipses, alliterations, lowered and prolonged notes. The spontaneity with which the poet moves from the quotidian to the abstract is indebted, I believe, to his skill at musical synthesis—from color to drawing, from colloquial to epigraphic, from domestic to metaphysical.

In his *Il seme del piangere*, Caproni asked his poetry to be worthy of his mother, who was "alive and true," as well as "witty," "careful," "pious," "lean," "anxious and bold," "fine and popular." The last two endiadyses are particularly important. Never flaunted but natural and almost instinctive, Caproni's tone was and is harnessed by a geometric elegance, a kind of Cartesian harmony. His popular verse is aristocratically genuine. The boldness of feelings and metrical texture were and are wrapped in a tenacious passion for existence, in literature's suffered reverence for life, in the word's reverence for truth.

But even accepting that Caproni's poetic world is today recognized as one of the most intense and meaningful in European poetry, one must admit that until 1965, when the *Congedo del viaggiatore cerimonioso* was published, and notwithstanding the magic of *Il seme del piangere*, the best filial *canzoniere* of our modern literature, the mark of Caproni on contemporary poetry had often been light. His lines were mistaken for elegy, ironic consolation, or micropainting. Of the three canonic themes recorded by critics (his city, Genoa; his mother; his travels), the first two were often judged as excessively private, and the third looked rather like a mood far from that vertigo of indeterminateness and lucid anguish that came with and after the *Congedo*. Even the theme of Aeneas, reflected in the lofty hendecasyllables of 1954, still seemed a forced one rather than personal as, for example, in the lines "To my son, Attilio Mauro":

> Carry me with you far,
>   o far away,
> into your future. Be
>
> my father,
>   take me by the hand
> there where your Irish step
> is sure to land
> —the harp of your profile,
> blond and already taller
> than I who right now bend
> down towards the grass.
>
>
> Keep this diaphanous
> souvenir of me writing
> while my hand's shaking.

Row

with me inside your eyes to
your future's high sea, as I
hear (but not *hate*) the glum
muffled beat of the drum
that rolls like my heart for
nothing but Resignation.

The decoding of Caproni's poetry takes place in more recent years, the ones I highlight in my selection—when his traveling, that is, arrives "at the last hamlet," at the limits of reason; when Aeneas turns into an impossible Ulysses, and there is no safe place to set the ancestral gods; when the future is unreachable, just as the past is unrepeatable. To me as a translator and a poet, the whole imaginative world of Caproni, admirer of Schopenhauer and Kierkegaard, reaches over the borders of the absolute. His works are metaphorically springlike, innovative, and actual in the full sense of the word. Through these versions, the American reader will have a chance to face new frontiers, no man's lands where he/she will meet gamekeepers, empty pubs, unknown armed people, deserts of the soul. In such mental landscapes, language adapts itself to the fatality of excess, the absurd and necessary limit of those inexplorable spaces; it becomes scabrous, pounding, epigraphic; it enriches itself with silences where one constantly breathes an obscure threat. The only human refuge is ambiguity, the oscillation between being and nonbeing, between the true and the imaginary, between the certain and the possible.

Throughout his last collections, Caproni joins the live venue of negative theology. Or, reading him positively, he makes himself a witness to the spiritual crisis of modern man, engaged in a strenuous battle with God.

Ned Condini
October 2003

THE EARTH'S WALL

DA

COME UN'ALLEGORIA

(1932–1935)

FROM
LIKE AN ALLEGORY
(1932–1935)

A Cecco

Dalla pianura ventosa
della tua terra ho avuto
quest'aspra volontà.

Lontano dalla mal'aria,
domerò la mia vita
come domavi le tue cavalle
ombrose,
tutte slanci ed inutili
corse.

To Cecco

From the windy plains
of your land
I inherited a tenacious will.

Away from fetid air,
I'll curb my life as you did
your wild mares,
their daring
useless racing.

VESPRO

La fila lunga dei soldati
è passata; sul prato è rimasto
aspro l'odore dell'erba
pestata—e l'eco
d'un canto nell'aria serale.

Ad occidente, nel fuoco
bianco d'un astro, scompare
l'ultima rondine. A poco
a poco, sbiadisce il giorno
(ricordo d'uomini e di giardini)
nella memoria stanca della sera.

Vespers

The long line of soldiers has passed;
there lingers on the meadow
the strong smell of trodden grass—
and the echo of a song
in the evening air.

Westward, in the white fire
of a star, the last swallow
disappears. Bit by bit,
the day fades (a remembrance
of gardens, men) in the tired
memory of evening.

SALTIMBANCHI

Nel vento che si accalora
di risa sui maturi fieni
(al prato reca aromi
dai falò dispersi
sui colli—e ve ne trascina
i bruciori)
la festa dei saltimbanchi
ha allucinato la sera.

Ai lazzi volgari, agli schianti
chiari di fanciullesche
grida,
si riverbera un'ora
selvaggia—e mani
accese e mosse al fuoco
dei lumi.

Spira l'odor dei fumi
acre, sull'allegra fiammata.
Sopra un'illuminata
pelle di giovani donne
si cancellano gli astri.

ACROBATS

In the wind warmed
by laughter on the hay
(bringing the smell of scattered
bonfires on the hills
to the meadow and blowing
the sparks there) the acrobats'
party has bewitched the night.

Coarse jokes and silvery
explosions of girls' cries
give rise
to a savage time
and hands lit up and moved
by lanterns' fires.

The smell of smoke blows pungent
over the playful flame.
Upon the glowing skin
of young women, the stars
themselves grow dim.

DA
BALLO A FONTANIGORDA
(1935–1937)

FROM
DANCE AT FONTANIGORDA
(1935–1937)

ALTRI VERSI A RINA

Nei tuoi occhi è il settembre
degli ulivi della tua cara
terra, la tua Liguria
di rupi e di dolcissimi
frutti.

*

Sopra i monti spaziosi
le poche case disperse
invidiano il colore caldo
della tua pelle, all'ora
che fa nostra ancora per poco
la terra.

INCONTRO

Nell'aria fresca d'odore
di calce per nuove case,
un attimo: e più non resta
del tuo transito breve
in me che quella fiamma
di lino—quell'istantaneo
battito delle ciglia,
e il pànico del tuo sorpreso
—nero, lucido—sguardo.

More Lines for Rina

In your eyes lies the olive
September of your dear
land, your Liguria
of cliffs
and sweetest fruits.

*

In the wide-open mountains
the scattered houses envy
the tepid color
of your skin at the hour
that for a little longer
makes this earth ours.

Encounter

In the air fresh with the smell
of whitewashed houses,
an instant: then of your
brief passage nothing stays
in me but flaxen flame—
sudden blink of an eye,
and the panic of your
surprised—black, brilliant—gaze.

TRISTE RIVA

Sul verderame rugoso
del mare, la procellaria
esclama con brevi grida
la burrasca lontana.

Io a riva, anzi sul labbro
renoso ove schiuma
salina bava, solo
contemplo e comprendo intanto
il gusto della tua saliva.

SAD SHORE

On the wrinkled antique
gold of the sea, a petrel
with short cries underscores
the tempest far away.

Meanwhile I, by the shore,
right on the sandy lip
where briny foam is seething,
watch alone, understand
your saliva's tart tang.

SAGRA

Con molti suoni e molti
balli, quest'oggi il Santo
celebra la sua sagra
nel fervore dei vivi.

Calano, allegri rivi
dal teatro dei monti
ruvidi, i trafelati
cori.

    Mentre acri roghi
bruciano fra gli spari,
al centro dei fatui giochi
puerili s'appaiano gai
i giovani ai subitanei
fuochi.

(Col viso secco, e senza
riso, è cieca intanto
chiusa nella sua urna
la reliquia del Santo).

HOLY DAY

With many sounds and many
dances, the Saint today
celebrates his name's day
with the zest of the living.

Merry rivulets from
the scenario of the craggy
mountains, the choirs descend
short-winded.

               Aromatic
flames burn as shots are fired;
in the circle of fatuous
childish games, happy youths
by spontaneous combustion
pair off.

(In the meantime,
its face dry and unsmiling,
the relic of the Saint,
closed in its shrine, is blind).

DA
FINZIONI
(1938–1939)

FROM

FICTIONS

(1938–1939)

MENTRE SENZA UN SALUTO

Non più la dolce voce
del tuo canto di sera
dona la tua figura
all'aria, ch'era fiorita
con la speranza al vano
del tuo balcone.

Finita
la leggera canzone,
mentre senza un saluto,
senza un cenno d'addio
mi muore il giorno, e anch'io
dentro il cuore m'abbuio,
te ne sei andata, e il buio
di te più non s'adorna,
più la tua cara cera
la tenebra non aggiorna.

WHILE WITHOUT AN ADIEU

The sweet voice of your evening
song no longer regales
your shape to air that flourished
with hope on the threshold
of your balcony. The airy

song's over.
While without an adieu,
the wink of a good-bye,
the day dies to me and I
also sadden my heart—
you have gone, and the night
no longer shines with you,
the dark no longer brings
your dear face to the light.

DA

CRONISTORIA

(1938–1942)

FROM
CHRONICLES
(1938–1942)

IL MARE

Il mare brucia le maschere,
le incendia il fuoco del sale.
Uomini pieni di maschere
avvampano sul litorale.

Tu sola potrai resistere
nel rogo del Carnevale.
Tu sola che senza maschere
nascondi l'arte d'esistere.

THE SEA

The sea burns masks,
the salt's fire ignites them.
Men camouflaged by masks
brighten on the shoreline.

Only you will endure
the Mardi Gras' bonfire.
You who alone and wearing
no mask hide the art of being.

QUALE DEBOLE ODORE

Quale debole odore
di gerani ritocca
questa corda del cuore
come un tempo?

        Trabocca
nel mio cuore la piena
dei tuoi giorni perduti,
dei miei giorni vissuti
senza spazio—con pena.

E lo spazio era un fuoco
dove ardevi per gioco
coi tuoi abiti—il bianco
del tuo petto, ed il fianco
che nel vento odoroso
dei gerani, in riposo
replicava il tuo accento.

Era un debole vento
che portava lontano
il tuo nome—un umano
vento acceso sul fronte
d'un continuo orizzonte.

What Faint Smell

What faint smell of geraniums
plucks again, like a song
of old, at my heartstrings?

                The
flood of your wasted days
breaks its dam, of my days
lived without space, in pain.

And space was fire where
as in a game you strutted
in your clothes—your breast white,
and your thigh, in the scented
wind of geraniums echoing
your style, composed.

It was a gentle wind
that wafted your name far
away—a human wind
blown over the stage lights
of open-ended sights.

PISA

Pisa piena di sonno
m'ha fermato—e qui l'eco
quanto più suona chiara
dell'amicizia, al vuoto
di Piazza dei Cavalieri!

Stesi nei loro neri
vetri, dieci stendardi
di gioventù son chiusi
al mio giorno.

                Più tardi,
nell'ossario del Duomo,
vi riaprirò, miei veri
affetti: un gesto
che ha illuminato a fuoco
la mia sera di ieri.

PISA

Slumbering Pisa has stopped me—
and here how clearly
friendship's echo resounds
to the void of the Square
of Cavaliers!

Stretched out in their
coffins of tinted glass,
ten rallying flags of youth
ended my day.

                But later,
in the ossuary of the Duomo,
I'll let you out, my real
emotions: pantomime
that brightened like a fire
my night of yesterday.

RICORDERÒ

Ricorderò San Giorgio
un giorno senza virtù,
e le tue mani aderenti
al freddo, qui dove fu
quasi una grazia nel buio
la cena nella latteria.

Ritroverò nella mia
chiusa tristezza, il di più
che m'hai lasciato: la pia
immagine di concordia
—la medaglietta con su
"Mi Iesu misericordia".

I'LL REMEMBER

I'll remember Saint George
as a day without honor,
your hands stiffened by cold,
here where our supper
in the dairy was almost
a blessing in the dark.

I'll find that something more
you left in my secluded
sadness: a pious image
of peace — the little medal
with: "Have pity, my Jesus"
inscribed on it.

Così lontano l'azzurro

Così lontano l'azzurro
di tenebra della tua Trebbia
dove ora vivi!

            I sassi
soli compagni, gridi,
lo sento, nel tuo silenzio
l'amore cieco—ai nidi
di vipere la tua paura
come un tempo riaffidi.

(Oh allora alla pastura
di luglio, là non ti tolsi
per darti fiele, ma miele
acceso fino alla fine.

Ed ora senza confine
rotta, è la libertà
un dì prescelta—e bontà,
bontà sola ci resta,
tu persa in quella terra
di pietra, io solo in questa
silenziosa mia guerra).

SO FAR THE AZURE DARKNESS

So far the azure darkness
of the Trebbia where you
now live!

        With stones and cries
your only companions,
I feel a dazzled love
in your silence — confiding
as you did in the past
your fear to vipers' nests.

(Oh, at that time I took you
to July pastures not
to give you poison but
honey's gold to the end.

And now the freedom we
embraced one day is useless
without bounds — only goodness
remains, you lost in that
landscape of stone,
me all alone
in this silent combat).

Trebbia: a river in northern Italy.

Sonetto XII

Basterà un soffio d'erba, un agitato
moto dell'aria serale, e il tuo nome
più non resisterà, già dissipato
col sospiro del giorno. Sarà come
quando, per gioco, cedevi l'amato
calore della mano al marmo—come
quando il tuo sangue leggero, alitato
appena dal tuo labbro, sulle chiome
dei pioppi s'esauriva in un rossore
vago di brezza: e io sentivo la pena
di quel lungo tuo eccedere in amore
disilluso e lontano, tu la pena
di non essere sola nel nitore
d'un presagio d'addio—tu già serena.

Sonetto XIV

Un giorno, un giorno ancora avrò il tuo aspetto
così limpido e alzato sui colori
forti della città: un giorno netto
e giusto—un giorno in cui dentro i rossori
del transito, da te sarà corretto
ogni errore del sangue. E poi i sudori
polverosi, le mani senza affetto
e chiuse già nelle voci che fuori
d'ogni numero intaccano il perfetto
spazio di giugno, cadranno nel duro
vuoto che lasci: un bianchissimo tuono
di macerie che crollano al futuro
vento dei giorni—e al mio orecchio un frastuono
dove si perde il tuo squillo più puro.

Sonnet XII

A whiff of grass will do, an agitated
stir of the evening air, and soon your name
will cease to fight, already evaporated
like day's last breath. And it will be the same
as when, in jest, you relinquished the dear
warmth of your hand to marble—and the same
as when your thin blood, barely rising to
your lips, over the trembling aspens' mane
finally dissipated into a tame
reddening breeze: oh, how I felt the pain
of your protracted waste in a remote
and disenchanted love, you the chagrin
of not being alone in the clear note
of a death's presage—you already serene.

Sonnet XIV

One day, one day I'll have your look again
so limpid and raised on the etched colors
of the city: a clearcut and fair day—
a day in which within the shame of passage
you will correct each blunder of the blood.
And then the dusty sweat,
the hands devoid of love and closed already
in the numberless voices that corrupt
the perfect space of June,
will fall into the hard void that you leave:
an immaculate thunder
of ruins crumbling to the future wind
of days—and to my ears a clangor
where your purest reveille gets lost.

Sonetto XVII

Il tuo nome che debole rossore
fu sulla terra! Dal vetro che già
brucia al dicembre e s'appanna al vapore
timido del mio fiato che non sa
rassegnarsi a tacerti, io che città
vedo, fioca di nebbie, cui un ardore
ultimo di cavalli e foglie dà
la parvenza del sangue?... Nell'albore
umido cui si sfanno anche le mura
dure di Roma, già altra paura
ora è nel petto—già altro, mio amore,
è lo schianto se all'improvviso d'una
voce che chiama, soltanto il rossore
d'una sciarpa carpisco nella bruma.

Sonnet XVII

What a faint blushing was your name upon
the earth! Off the window pane already
fired up by December, clouding over
from the shy vapor of my breath that can't
resign itself to not saying your name
what city do I see, faceless in mists,
that an ultimate sparkling of the leaves
and horses bathes in the semblance of blood?
In the damp dawn when even the strenuous
walls of Rome melt, already another fear
takes my heart by storm—and instantly
different is the pang, my love, if at
a voice's sudden call, I only make
out the red flash of a scarf in the fog.

DA

IL PASSAGGIO D'ENEA

(1943–1955)

FROM

THE PASSAGE OF AENEAS

(1943–1955)

OH LE LUNGHE CAMPANE DELL'INVERNO

a Michele Pierri

Oh le lunghe campane dell'inverno.
Campane d'acqua e di nebbia e d'amore
ed empiti, che penetrano in cuore
fra disfatte filande in un eterno
alluminio di strade. Forse fermo
a questo tempo di pruni incolore
e bruciaticcio, vibra quel dolore
che nel petto dell'uomo ha nome inferno
e sgomenta la nottola? Io che via
via sto calando nell'anno che inclina
già alla sua fine, in una conceria
nauseabonda perché trovo la mia
voce—trovo campane d'acqua, e in cima
ai rami assiderati tanta brina?

AH, THE REVERBERATING BELLS OF WINTER

to Michele Pierri

Ah, the reverberating bells of winter.
Bells of water and fog and love and urges
that pierce the heart among dismantled mills
in an aluminum eternity of streets.
Perhaps immobile in this colorless
and burning time of briers
that suffering resounds
that in the heart of man's defined
a hell scaring the bat.
I who am slowly sinking in the year
that already leans towards its end,
why do I find my voice in a stench-filled
tannery—why do I find liquid bells,
and atop frozen branches so much frost?

1944

Le carrette del latte ahi mentre il sole
sta per pungere i cani. Cosa insacca
la morte sopra i selci nel fragore
di bottiglie in sobbalzo? Sulla faccia
punge già il foglio del primo giornale
col suo afrore di piombo—immensa un'acqua
passa deserta nel sangue a chi muove
a un muro, e già a una scarica una latta
ha un sussulto fra i cocci. O amore, amore
che disastro è nell'alba! Dai portoni
dove geme una prima chiave, o amore
non fuggire con l'ultimo tepore
notturno—non scandire questi suoni,
tu che ai miei denti il tuo tremito imponi.

1944

Oh, the milk wagons while the sun prepares
to sting the dogs. What is death piling up
on the stones in the din of rattling bottles?
The page of the first paper already pricks
your face with its leaden smell—the world's
water goes dry by some who move to a wall
and at a volley a tin already quakes
among the shards. O love, love, what a ruin
lies in the dawn! From the doors where the first
key groans, o love, do not flee with the last
nocturnal warmth—do not spell out these sounds,
you who by trembling make me clench my teeth.

INTERLUDIO

E intanto ho conosciuto l'Erebo
—l'inverno in una latteria.
Ho conosciuto la mia
Prosèrpina, che nella scialba
veste lavava all'alba
i nebbiosi bicchieri.

Ho conosciuto neri
tavoli—anime in fretta
posare la bicicletta
allo stipite e entrare
a perdersi fra i vapori.
E ho conosciuto rossori
indicibili—mani
di gelo sulla segatura
rancida, e senza figura
nel fumo la ragazza
che aspetta con la sua tazza
vuota la mia paura.

INTERLUDE

Meanwhile, I have known Erebus—
wintertime in a dairy.
My Proserpine I've known
washing in a drab dress
filmy glasses at dawn.

I have known sooty tables—
and harried robot souls
leaning their bikes on the door jamb,
walking in, vanishing in steam.
And I have known
raw sores that make you choke—
frozen hands spreading stale
sawdust, and in the smoke
a girl, shapeless,
with an empty cup, waiting
on my distress.

Erebus: hell.
Proserpine: the queen of the dead in Greek mythology.

DIDASCALIA

Fu in una casa rossa:
la Casa Cantoniera.
Mi ci trovai una sera
di tenebra, e pareva scossa
la mente da un transitare
continuo, come il mare.

Sentivo foglie secche,
nel buio, scricchiolare.
Attraversando le stecche
delle persiane, del mare
avevano la luminescenza
scheletri di luci rare.

Erano lampi erranti
d'ammotorati viandanti.
Frusciavano in me l'idea
che fosse il passaggio d'Enea.

CAPTION

It was in a red house,
the Custom House.
I happened to be there
on a bleak night, my mind
outwardly shaken by
an endless transit, like the sea.

I listened to dry leaves
crackling in darkness.
Sneaking through slats of blinds
skeletons of rare lights
had the resplendence of the sea.

They were wandering flashes
of motorized *turistas*
giving me the idea
it was the passage of Aeneas.

A FRANCO

Era un angelo alto,
un angelo fulvo e nero.
Dal suo viso leggero
e alzato, un velo
di lutto era una nube
sulla bocca—sul pube.

Era un angelo giovane
e vedovo, senza letto:
pareva in uno specchio
opacato il colore
umano che sul petto
smorto era sangue—cuore.

Era un angelo altero
(fulvo) in un nimbo nero:
un angelo vivo e dolce,
ferito fra le cosce.

TO FRANCO

He was a lanky angel,
an angel tawny and black.
From his happy, raised face,
a veil of mourning formed
a cloud over his mouth—
over his sex. He was

a widowed angel,
young and without a bed:
and in an opaque mirror
he had a human color
that on his wan chest glowed
sanguine—a heart.

He was a haughty angel
(tawny) in a black halo:
a sweet and lively angel,
wounded between his thighs.

L'ASCENSORE

Quando andrò in paradiso
non voglio che una campana
lunga sappia di tegola
all'alba—d'acqua piovana.

Quando mi sarò deciso
d'andarci, in paradiso
ci andrò con l'ascensore
di Castelletto, nelle ore
notturne, rubando un poco
di tempo al mio riposo.

Ci andrò rubando (forse
di bocca) dei pezzettini
di pane ai miei due bambini.
Ma là sentirò alitare
la luce nera del mare
fra le mie ciglia, e... forse
(forse) sul belvedere
dove si sta in vestaglia,
chissà che fra la ragazzaglia
aizzata (fra le leggiadre
giovani in libera uscita
con cipria e odor di vita
viva) non riconosca
sotto un fanale mia madre.

Con lei mi metterò a guardare
le candide luci sul mare.
Staremo alla ringhiera

THE FUNICULAR

When I travel to paradise
I do not want a tolling bell
redolent of roof tiles
at daybreak—of rainwater.

When my mind is made up
to go to paradise,
I will go there with the
Castelletto funicular,
at night, stealing a bit
of time from my repose.

I'll go there stealing
(perhaps out of their mouths)
chunks of bread from my children.
But there I'm going to feel
the black light of the sea
blowing soft on my brow,
and...maybe (yes, maybe)
on the overlook where
one rests in a bathrobe,
I wonder if among
the roused rabble (among
the beautiful young girls
vacationing with their
face powder, their perfume
of bursting life) I might
spot my mother under lamplight.

With her I'll start to watch
the white lights on the sea.
We will stand at the iron

di ferro—saremo soli
e fidanzati, come
mai in tanti anni siam stati.
E quando le si farà a puntini,
al brivido della ringhiera,
la pelle lungo le braccia,
allora con la sua diaccia
spalla se n'andrà lontana:
la voce le si farà di cera
nel buio che la assottiglia,
dicendo "Giorgio, oh mio Giorgio
caro: tu hai una famiglia."

E io dovrò ridiscendere,
forse tornare a Roma.
Dovrò tornare a attendere
(forse) che una paloma
blanca da una canzone
per radio, sulla mia stanca
spalla si posi. E alfine
(alfine) dovrò riporre
la penna, chiuder la càntera:
"È festa", dire a Rina
e al maschio, e alla mia bambina.

E il cuore lo avrò di cenere
udendo quella campana,
udendo sapor di tegole,
l'inverno dell'acqua piovana.

*

Ma no! se mi sarò deciso
un giorno, pel paradiso

railing—we'll be alone
and engaged, as we have
not been for many years.
And when her arms break out
in gooseflesh from the cold
railing, she will go far
away, stiff-shouldered;
her voice will taper off
in the darkness that slims her,
saying, "George, oh my dear
George: you've got family."

And I'll have to come down,
go back to Rome maybe.
I will again have to
wait for a white (maybe)
paloma out of a radio
song to alight on my
tired shoulder. At last
(at long last) I will have
to set aside my pen,
close the drawer and say
to Rina, to the boy,
and to my girl: "Rejoice!"

And my heart will be ashen
hearing that bell,
tasting a taste of roof tiles,
winter of rainy spells.

*

Yet no! If one day I
shall opt for paradise,

io prenderò l'ascensore
di Castelletto, nelle ore
notturne, rubando un poco
di tempo al mio riposo.

Ruberò anche una rosa
che poi, dolce mia sposa,
ti muterò in veleno
lasciandoti a pianterreno
mite per dirmi : "Ciao,
scrivimi qualche volta,"
mentre chiusa la porta
e allentatosi il freno
un brivido il vetro ha scosso.

E allora sarò commosso
fino a rompermi il cuore:
io sentirò crollare
sui tegoli le mie più amare
lacrime, e dirò "Chi suona,
chi suona questa campana
d'acqua che lava altr'acqua
piovana e non mi perdona?"

E mentre, stando a terreno,
mite tu dirai: "Ciao, scrivi,"
ancora scuotendo il freno
un poco i vetri, tra i vivi
viva col tuo fazzoletto
timida a sospirare
io ti vedrò restare
sola sopra la terra:

proprio come il giorno stesso
che ti lasciai per la guerra.

I'll take the Castelletto
funicular at night,
stealing a little time
from my repose.

　　　And stealing
a rose that then, my sweet
bride, I will turn to poison
leaving you on the ground
floor, mildly telling me,
"Bye, write to me sometime,"
while after the door closes
and the brake is released,
a shudder rocks the glass.

And then I'll be so moved
that my heart shatters:
I will hear my most bitter
tears pour down on the roof tiles
and I will say: "Who's ringing,
who is ringing this bell
of water washing more
rain water and does not
forgive me?"

　　　　　And as you softly
will say from the ground floor,
"Bye, write," with the brake still
rattling the glass a little,
alive among the living,
sighing shyly in your kerchief,
I shall see you remain
all alone in the world:

so much like on the day
I left you for the war.

STORNELLO

Mia Genova difesa e proprietaria.
Ardesia mia. Arenaria.

Le case così salde nei colori
a fresco in piena aria,
è dalle case tue che invano impara,
sospese nella brezza
salina, una fermezza
la mia vita precaria.

Genova mia di sasso. Iride. Aria.

STORNELLO

My Genoa—proprietress and bastion.
My slate and my sandstone.

Your houses in etched colors
like frescoes in the air,
hung in a briny breeze—
it is from them that my
precarious life in vain
learns some stability.

My Genoa of stone. Of rainbow. Air.

DA

IL SEME DEL PIANGERE

(1950–1958)

FROM

THE ROOT OF WEEPING

(1950–1958)

PREGHIERA

a mia madre, Anna Picchi

Anima mia, leggera
va' a Livorno, ti prego.
E con la tua candela
timida, di nottetempo
fa' un giro; e, se n'hai il tempo,
perlustra e scruta, e scrivi
se per caso Anna Picchi
è ancor viva tra i vivi.

Proprio quest'oggi torno,
deluso, da Livorno.
Ma tu, tanto più netta
di me, la camicetta
ricorderai, e il rubino
di sangue, sul serpentino
d'oro che lei portava
sul petto, dove s'appannava.

Anima mia, sii brava
e va' in cerca di lei.
Tu sai cosa darei
se la incontrassi per strada.

PRAYER

to my mother, Anna Picchi

My soul, I pray you, go
ever so gently to Leghorn.
And with your discreet candle
make a round when it's night;
and if you have the time,
reconnoitre, and write
if by chance Anna Picchi
is still among the living.

This very day, frustrated,
I came back from Leghorn.
But you will much more sharply
than I recall her blouse,
the blood-red ruby worn
on the little gold snake
that fogged up on her breast.

My soul, be sweet,
and go looking for her.
You know what I would give
to meet her on the street.

PER LEI

Per lei voglio rime chiare,
usuali: in -are.
Rime magari vietate,
ma aperte, ventilate.
Rime coi suoni fini
(di mare) dei suoi orecchini.
O che abbiano, coralline,
le tinte delle sue collanine.
Rime che a distanza
(Annina era così schietta)
conservino l'eleganza
povera, ma altrettanto netta.
Rime che non siano labili,
anche se orecchiabili.
Rime non crepuscolari,
ma verdi, elementari.

FOR HER

For her I want clear rhymes,
normal, like saying: chimes.
Rhymes outside of the canon
but built in full abandon.
Rhymes with the delicate
sea music of her earrings.
Or coral-tinted, like
her little necklaces.
Rhymes that for a long time
(Anna was so sincere)
preserve their unadorned
but refined flair.
End-rhymes sweet to the ear,
not bound to disappear.
Not from the twilight zone,
but verdant rhymes—plain-toned.

The twilight zone: stab at the Twilight poets, whom Caproni did not like.

SCANDALO

Per una bicicletta azzurra,
Livorno come sussurra!
Come s'unisce al brusio
dei raggi, il mormorio!

Annina sbucata all'angolo
ha alimentato lo scandalo.
Ma quando s'era mai vista,
in giro, *una* ciclista?

URLO

Il giorno del fidanzamento
empiva Livorno il vento.
Che urlo, tutte insieme,
dal porto, le sirene!

Tinnivano, leggeri,
i brindisi, cristallini.
Cantavano, serafini,
gli angeli nei bicchieri.

Annina, bianca e nera,
bastava a far primavera.
Com'era capinera,
col cuore che le batteva!

Fuggì nel vento, stretta
al petto la sciarpetta.
In cielo, in mare, in terra
che urlo, scoppiata la guerra...

SCANDAL

For a blue bicycle
Leghorn is all a hum!
How the murmuring joins
the whirring of the spokes!

Annie rounding the corner
has caused an uproar.
Whoever saw a *female*
cyclist whiz by before?

HOWL

The day of the engagement
Leghorn swirled in the wind.
What a howl, in consort,
the sirens from the port!

The toasts were gaily ringing
with the clinking of crystal.
Seraph-like, in the goblets
angels were singing.

Annie, in black and white,
was enough to make spring.
She was a chickadee
with her heart on a swing!

She fled in the wind, clutching
to her bosom the shawl.
On land, at sea, in the sky
when war came, what a howl...

AD PORTAM INFERI

Chi avrebbe mai pensato, allora,
di doverla incontrare
un'alba (così sola
e debole, e senza
l'appoggio d'una parola)
seduta in quella stazione,
la mano sul tavolino
freddo, ad aspettare
l'ultima coincidenza
per l'ultima destinazione?

Posato il fagottino
in terra, con una cocca
del fazzoletto (di nebbia
e di vapori è piena
la sala, e vi si sfanno
i treni che vengono e vanno
senza fermarsi) asciuga
di soppiatto—in fretta
come fa la servetta
scacciata, che del servizio
nuovo ignora il padrone
e il vizio—la sola
lacrima che le sgorga
calda, e le brucia la gola.

Davanti al cappuccino
che si raffredda, Annina
di nuovo senza anello, pensa
di scrivere al suo bambino
almeno una cartolina:
"Caro, son qui: ti scrivo

AD PORTAM INFERI

Who would have ever thought,
of meeting her at that time,
one dawn (so lonely and frail,
without a word's support),
seated in that station,
her hand on the cold table,
waiting for the last transfer
to the last destination?

After putting the bundle
on the floor, with the tip
of her kerchief (the room
is full of fog and vapors,
and in it trains that come
and go nonstop dissolve
themselves) she furtively—
hastily like the maid
who has just been laid off
and doesn't know her new
job's master and his rascality—
dries the only tear that burned
her throat and dropped out hot.

Facing the cappuccino
that's getting cold, Annina
again without her ring,
thinks of writing at least
a card to her young boy:
"Dear, I am here. I'm writing

per dirti..." Ma invano tenta
di ricordare: non sa
nemmeno lei, non rammenta
se è morto o se ancora è vivo,
e si confonde (la testa
le gira vuota) e intanto,
mentre le cresce il pianto
in petto, cerca
confusa nella borsetta
la matita, scordata
(s'accorge con una stretta
al cuore) con le chiavi di casa.

Vorrebbe anche al suo marito
scrivere due righe, in fretta.
Dirgli, come faceva
quando in giorni più netti
andava a Colle Salvetti,
"Attilio caro, ho lasciato
il caffè sul gas e il burro
nella credenza: compra
solo un po' di spaghetti,
e vedi di non lavorare
troppo (non ti stancare
come al solito) e fuma
un poco meno, senza,
ti prego, approfittare
ancora della mia partenza,
chiudendo il contatore,
se esci, anche per poche ore."

Ma poi s'accorge che al dito
non ha più anello, e il cervello
di nuovo le si confonde
smarrito; e mentre

to tell you..." But in vain
she tries to recollect:
she doesn't know herself,
she can't recall if he
is dead or alive, she
gets all mixed up (her head
spins in a void): meanwhile
as weeping swells her breast,
addled she searches for
a pencil in her bag,
which she forgot (she feels
a pang in her heart) with
the house keys.

        She would love
to jot down in a hurry
a short note to her husband.
To tell him, as she would
when she, on clearer days,
went to Collé Salvetti,
"Attilio dear: I have left
coffee on the stove and butter
in the cupboard: buy only
some spaghetti and try not to
work too much (to overdo it,
as usual), and smoke less,
without taking advantage,
I beg you, of my absence
(shut off the meter, even
for only a few hours)."

But then she realizes
there's no ring on her finger,
and her mind is confused
and lost, and while

cerca invano di bere
freddo ormai il cappuccino
(la mano le trema: non riesce,
con tanta gente che esce
ed entra, ad alzare il bicchiere)
ritorna col suo pensiero
(guardando il cameriere
che intanto sparecchia, serio,
lasciando sul tavolino
il resto) al suo bambino.

Almeno le venisse in mente
che quel bambino è sparito!
È cresciuto, ha tradito,
fugge ora rincorso
pel mondo dall'errore
e dal peccato, e morso
dal cane del suo rimorso
inutile, solo
è rimasto a nutrire,
smilzo come un usignolo,
la sua magra famiglia
(il maschio, Rina, la figlia)
con colpe da non finire.

Ma lei, anche se le si strappa
il cuore, come può ricordare,
con tutti quei cacciatori
intorno, tutta quella grappa,
i cani che a muso chino
fiutano il suo fagottino
misero, e poi da un angolo
scodinzolano e la stanno a guardare
con occhi che subito piangono?

in vain she tries to drink
her cappuccino, cold
by now (her hand is trembling:
she can't manage, with so
many people who come
and go, to lift her glass),
in her thoughts she goes back
(watching the waiter who
seriously cleans her spot,
leaves her change on the table)
to her child.

       If she could
only remember that
the little boy has vanished!
He's grown up, has betrayed,
is fleeing now, pursued
throughout the world by sin
and error, bitten by
the dog of his futile
remorse, alone he has been
left to ply, scrawny like
a nightingale, his wee family
(the male, Rina, his daughter)
with numberless transgressions.

But even if her heart
is bursting, how can she
remember, with those hunters
around, and all that grappa,
the dogs that, their heads hung,
sniff her pitiful bundle,
wag their tails from a corner
and keep on watching her
with eyes suddenly wet?

Nemmeno sa distinguere bene,
ormai, tra marito e figliolo.
Vorrebbe piangere, cerca
sul marmo il tovagliolo
già tolto, e in terra
(vagamente la guerra
le torna in mente, e fischiare
a lungo nell'alba sente
un treno militare)
guarda fra tanto fumo
e tante bucce d'arancio
(fra tanto odore di rancio
e di pioggia) il solo
ed unico tesoro
che ha potuto salvare
e che (lei non può capire)
fra i piedi di tanta gente
i cani stanno a annusare.

"Signore cosa devo fare,"
quasi vorrebbe urlare,
come il giorno che il letto
pieno di lei, stretto
sentì il cuore svanire
in un così lungo morire.

Guarda l'orologio: è fermo.
Vorrebbe domandare
al capotreno. Vorrebbe
sapere se deve aspettare
ancora molto. Ma come,
come può, lei, sentire,
mentre le resta in gola
(c'è un fumo) la parola,
ch'è proprio negli occhi dei cani
la nebbia del suo domani?

She can't even distinguish
between husband and son.
Wanting to cry, on the marble
top she feels for the napkin
already snatched, and (vaguely
war comes to mind, she hears
a convoy train at dawn
whistle on) on the floor
she looks among the smoke
and all the orange peels
(in such a smell of food
and rain) for the one and
only treasure she salvaged,
the one that (she cannot
understand why) the dogs
among the feet of so
many people keep sniffing.

"My Lord, what shall I do?"
she'd like to scream almost
as on the day her bed,
full of her, felt her torn
heart disappear in a long,
long dying.

           She looks at
the clock: it doesn't move.
She would like to ask the
trainmaster. She would like
to know if she has to wait
much longer. But how can
she know, still in her throat,
the word (there is still smoke)
that in the dog's eyes is
the fog of her tomorrow?

ULTIMA PREGHIERA

Anima mia, fa' in fretta.
Ti presto la bicicletta,
ma corri. E con la gente
(ti prego, sii prudente)
non ti fermare a parlare
smettendo di pedalare.

Arriverai a Livorno
vedrai, prima di giorno.
Non ci sarà nessuno
ancora, ma uno
per uno guarda chi esce
da ogni portone, e aspetta
(mentre odora di pesce
e di notte il selciato)
la figurina netta,
nel buio, volta al mercato.

Io so che non potrà tardare
oltre quel primo albeggiare.
Pedala, vola. E bada
(un nulla potrebbe bastare)
di non lasciarti sviare
da un'altra, sulla stessa strada.

Livorno, come aggiorna,
col vento una torma
popola di ragazze
aperte come le sue piazze.
Ragazze grandi e vive
ma, attenta!, così sensitive
di reni (ragazze che hanno,

LAST PRAYER

My soul, oh hurry up.
I'll lend you my bike, but
run. And don't ever stop
(I implore you, be cautious)
your pedaling to talk
to people.

        You will see,
you'll get to Leghorn before morn.
Nobody will be there
yet, but look at each one
as they come out
the door, and await
(while the pavement gives off
odor of fish and night)
in the dark the clearcut
silhouette bound for market.

I know she won't be later
than that first dawning.
Pedal away. Fly. Watch
(a trifle might be enough)
that you be not waylaid
by another on the road.

Leghorn, as the light breaks,
with wind takes hold
of a bevy of young girls
flung open like its squares.
Big girls, alive, but mind you!,
with such delicate loins
(girls who, they say, have such

si dice, una dolcezza
tale nel petto, e tale
energia nella stretta)
che, se dovessi arrivare
col bianco vento che fanno,
so bene che andrebbe a finire
che ti lasceresti rapire.

Mia anima, non aspettare,
no, il loro apparire.
Faresti così fallire
con dolore il mio piano,
e io un'altra volta Annina,
di tutte la più mattutina,
vedrei anche a te sfuggita,
ahimè, come già alla vita.

Ricòrdati perché ti mando;
altro non ti raccomando.
Ricordati che ti dovrà apparire
prima di giorno, e spia
(giacché, non so più come,
ho scordato il portone)
da un capo all'altro la via,
da Cors'Amedeo al Cisternone.

Porterà uno scialletto
nero, e una gonna verde.
Terrà stretto sul petto
il borsellino, e d'erbe
già sapendo e di mare
rinfrescato il mattino,
non ti potrai sbagliare
vedendola attraversare.

tenderness in their breasts,
such energy in their hugs)
that should you arrive
with the white wind they generate,
I know you would end up
letting yourself be trapped.

My soul, don't wait for them
to show up. That way you
would painfully upset
my plan, and once again
I would see Anne, the earliest
of them all, flee from you,
alas, as she fled life.

Remember why I'm sending you;
nothing else, please.
Remember that she's bound
to sight you before dawn,
and keep an eye (since I forgot,
I don't know how, the door)
on both sides of the street
from Amadeo Avenue
to the big Water Tower.

She'll be wearing a black
scarf and emerald skirt.
She'll hold her wallet tight
to her breast, and since morning
already tastes like grass
and fresh sea water,
you cannot miss her when
she crosses over.

Seguila prudentemente,
allora, e con la mente
all'erta. E, circospetta,
buttata la sigaretta,
accòstati a lei soltanto,
anima, quando il mio pianto
sentirai che di piombo
è diventato in fondo
al mio cuore lontano.

Anche se io, così vecchio,
non potrò darti mano,
tu mórmorale all'orecchio
(più lieve del mio sospiro,
messole un braccio in giro
alla vita) in un soffio
ciò ch'io e il mio rimorso,
pur parlassimo piano,
non le potremmo mai dire
senza vederla arrossire.

Dille chi ti ha mandato:
suo figlio, il suo fidanzato.
D'altro non ti richiedo.
Poi, va' pure in congedo.

Follow her with discretion
then, and with an alert
mind. After dropping your
cigarette, circumspectly
get close to her only when,
soul, you can hear
my weeping turned to lead
in my faraway heart.

Even if I, so old,
can't give you a hand,
whisper into her ear
(but lighter than my sigh,
after putting an arm
around her waist) what I
and my remorse
could never tell her, even
speaking so softly,
without seeing her blush.

Tell her who sent you:
her son, her fiancé.
From you I want nothing else.
Then you may well depart.

IL BECOLINO

Piangevo in un'incerta casa
piena di stanze amorfe.
La luce che sulle porte
batteva, era di luna
e nuvola (era di mare
e barca), e penetrava
nel cuore che si straziava
—vano—per la sua sorte.

Sentivo ondate morte
frangersi sulla rena.
Sentivo alla catena
abbaiare più forte
la cagna, e sbigottita
nel petto sentivo la vita
mia intera palpitare
come dovesse arrivare
non so che remo dal mare.

Tremava nel portone
la lampadina a carbone.
Scuotevano le impannate,
violente, le ventate,
ma che altro poteva annunziare,
se non l'umidore del mare,
la tromba delle scale
che s'era messa a suonare?

Piangevo in una grande casa,
di notte, in lutto e in follia.
Piangevo la patria mia

THE BARGE

In a quite normal house
full of quite normal rooms,
I was crying. The light
that beat upon the doors
was made of cloud and moon
(was of sea and of boat),
and pervaded the heart
that—vainly—crucified
itself for its doom.

I heard exhausted waves
breaking on the sand.
I heard a chained
bitch barking louder,
and in my chest I felt
my whole astonished life
in a tumult, as if
who knows what kind of oar
were to arrive from the sea.

In the doorway, the little
gas lamp was flickering.
Violent gusts of wind
rattled the shutters,
but what else could the staircase
(that began ringing)
lead one to expect but the
humidity of the sea?

I was crying in a big house,
at night, mourning and mad.
I mourned the country I had

disertata, ed anche
piangevo la donna dalle anche
ladre, che dalla sera
alla mattina andava
su e giù pel molo, e palpava
(mentre una nave salpava
fitta di lumi) i guardiani
che, con tre scudi, alle mani
di lei, contratti in viso,
cedevano il paradiso
cui non credevano, morti
da secoli tra i cordami
attorcigliati, e sepolti.

Piangevo in costernazione
il giorno della trasmutazione.
Piangevo la latteria
dove con lei la mia
anima debole (stretta
fra quelle anche), in fretta
(il vento era di ciclone,
ed abbassò la tensione)
perdette con la giacchetta,
lasciata a un chiodo, il solo
suo infagottato tesoro.

Piangevo senza saper dire
il seme del mio morire.
Sentivo che nel buio c'era
qualcuno, ad origliare,
ma mai avrei potuto tentare
d'aprire, e guardare
lei che in capelli e impura
(l'orecchio alla serratura

deserted and I mourned
the woman with the luring
hips, who from evening to
morning covered the wharf
up and down, and felt up
(while a ship, packed with lights
sailed on) the watchmen,
who, with their faces taut,
for three dollars entrusted to
her hands the paradise
they had no faith in, dead
for centuries and buried
among the twisted ropes.

I mourned in consternation
the day of transformation.
I mourned the dairy where
with her my weak-willed soul
(compressed between those thighs)
rapidly lost (the wind
blew like a hurricane
ushering in blackouts)
its only and so well wrapped
up treasure and the jacket
I left hung on a nail.

I was crying and couldn't
say the root of my dying.
I felt that in the dark
there was someone, eavesdropping,
but I could never have tried
to open, look at her
who long-haired and impure
(her ear to the keyhole,

e il fiato spesso) aspettava,
mentre il vento soffiava,
un segno della mia paura.

Sapevo che col giorno
sarei tornato a Livorno.
Sapevo che avrei trovato
pioggia e vento al mercato,
e che (tra pesci e verdura,
e odore d'acqua e d'aria
sfatta) un bambino
di nuovo sarebbe corso,
sfuggito di mano, sul Fosso
per mettersi a singhiozzare
(bagnato dal vento di mare)
sul nero becolino
lungo, e sul suo scivolare.

panting) was waiting—
and the wind was still blowing—
for a sign of my fear.

I knew that by daybreak
I would go back to Leghorn.
I knew that I would find
rain and wind at the market,
and that (through fish and greens,
heavy air, smell of water)
a child who had slipped away
again would run along
the Ditch only to start
(wetted by the sea wind)
sobbing over the long
black barge, over its gliding.

A FERRUCCIO ULIVI

Che aria fina fina
di Firenze—che fiore
d'intelligente odore
penetrato nel cuore!

Ferruccio mio, ti scrivo
perché in petto ho ancor vivo
un ago. E chi potrebbe
a voce dirti ch'ebbe
in te un vino il dolore?

Vedilo nel lucore
di questi versi: cuore
che ha bruciato le vele.
E, acuti vetri o vere
sillabe, a lungo tocchi
l'unghia tua questo Giorgio
cui recasti Betocchi.

TO FERRUCCIO ULIVI

What extra-extra-pure
Florentine air—what keen
scent of a flower
penetrated the heart!

My Ferruccio, I write you
'cause in my breast an arrow
still quivers. And who could
tell you in person what brandy
you gave me for my sorrow?

Enjoy it in the glow
of these lines: feeling
that you set flying.
Whether glass shards
or true scansion, may your
claw leave a mark on George
to whom you brought Betocchi.

A few days after the death of Caproni's mother, Ferruccio Ulivi, accompanied by poet Carlo Betocchi, visited him.

DA

CONGEDO DEL VIAGGIATORE CERIMONIOSO

(1960–1964)

FROM

THE FORMAL TRAVELER'S LEAVETAKING

(1960–1964)

CONGEDO DEL VIAGGIATORE CERIMONIOSO

Amici, credo che sia
meglio per me cominciare
a tirar giù la valigia.
Anche se non so bene l'ora
d'arrivo, e neppure
conosca quali stazioni
precedano la mia,
sicuri segni mi dicono,
da quanto m'è giunto all'orecchio
di questi luoghi, ch'io
vi dovrò presto lasciare.

Vogliatemi perdonare
quel po' di disturbo che reco.
Con voi sono stato lieto
dalla partenza, e molto
vi sono grato, credetemi,
per l'ottima compagnia.

Ancora vorrei conversare
a lungo con voi. Ma sia.
Il luogo del trasferimento
lo ignoro. Sento
però che vi dovrò ricordare
spesso, nella nuova sede,
mentre il mio occhio già vede
dal finestrino, oltre il fumo
umido del nebbione
che ci avvolge, rosso
il disco della mia stazione.

Chiedo congedo a voi

THE FORMAL TRAVELER'S LEAVETAKING

Friends, I think it would be
better for me to start
taking my suitcase down.
Even if I don't know
the specific arrival
time or what stations
come before mine,
sure indications tell me,
from what I overheard
about these places, that
soon I will have to leave you.

Please do forgive me for
the inconvenience I cause.
With you I have been content
since the departure and am
very grateful, believe me,
for the excellent company.

I would like to continue
chatting with you. Enough.
I'm not familiar with
my transferral's location.
But I feel that I'll often
remember you for sure
in the new office, as
my eyes already see
from the window, beyond
the damp smoke of the fog
enwrapping us, the red
disk of my station.

I take my leave of you

senza potervi nascondere,
lieve, una costernazione.
Era così bello parlare
insieme, seduti di fronte:
così bello confondere
i volti (fumare,
scambiandoci le sigarette),
e tutto quel raccontare
di noi (quell'inventare
facile, nel dire agli altri),
fino a poter confessare
quanto, anche messi alle strette,
mai avremmo osato un istante
(per sbaglio) confidare.

(Scusate. È una valigia pesante
anche se non contiene gran che:
tanto ch'io mi domando perché
l'ho recata, e quale
aiuto mi potrà dare
poi, quando l'avrò con me.
Ma pur la debbo portare,
non fosse che per seguire l'uso.
Lasciatemi, vi prego, passare.
Ecco. Ora ch'essa è
nel corridoio, mi sento
più sciolto. Vogliate scusare).

Dicevo, ch'era bello stare
insieme. Chiacchierare.
Abbiamo avuto qualche
diverbio, è naturale.
Ci siamo—ed è normale
anche questo—odiati

without being able to
hide a slight consternation.
It was so nice to talk
together, face to face:
so nice to make a blur
of our features (to smoke,
exchanging cigarettes),
to let those tall tales float
about us (fiction's easy
when telling others), to
be able to confess
what, even if coerced,
we would never have dared
(by mistake) to entrust.

(Excuse my heavy suitcase:
it doesn't hold that much.
In fact, I ask myself
why I brought it and what
help it will be to me
later, when I walk with it.
Yet I must carry it, if
anything, 'cause it's done.
Kindly let me go through.
There. I feel more relaxed
now that it's in the aisle.
Do bear with me.) As I

was saying, it was nice
to be together. Chew the fat.
We had some disagreements,
it's natural. We even —
this, too, normal — detested
each other on many points,

su più d'un punto, e frenati
soltanto per cortesia.
Ma, cos'importa. Sia
come sia, torno
a dirvi, e di cuore, grazie
per l'ottima compagnia.

Congedo a lei, dottore,
e alla sua faconda dottrina.
Congedo a te, ragazzina
smilza, e al tuo lieve afrore
di ricreatorio e di prato
sul volto, la cui tinta
mite è sì lieve spinta.
Congedo, o militare
(o marinaio! In terra
come in cielo ed in mare)
alla pace e alla guerra.
Ed anche a lei, sacerdote,
congedo, che m'ha chiesto s'io
(scherzava!) ho avuto in dote
di credere al *vero* Dio.

Congedo alla sapienza
e congedo all'amore.
Congedo anche alla religione.
Ormai sono a destinazione.

Ora che più forte sento
stridere il freno, vi lascio
davvero, amici. Addio.
Di questo, sono certo: io
son giunto alla disperazione
calma, senza sgomento.

Scendo. Buon proseguimento.

and restrained ourselves
only out of politeness.
What does it matter. Be
that as it may, wholeheartedly
I emphasize: my thanks
for the excellent company.

Goodbye to you, herr doctor,
and your eloquent knowledge.
Goodbye to you, thin girl,
and to your slightly unpleasant
smell of playtime and meadow
on your visage, whose faint
hue is so gently infused.
Goodbye to you, o recruit
(o sailor! both on land
and at sea, in the sky),
to war and peace.
Goodbye to you, too, priest
who asked me if I had been
(kidding!) endowed with the
belief in the *true* God.

Goodbye to wisdom and
goodbye to love.
Goodbye, too, to religion.
I've reached my destination.

Now that the brakes are screeching
more high-pitched, I leave you
for real, my friends. Farewell.
Of this I'm certain: I
have arrived at a quiet
despair, with no distress.

I get off. All the best.

LAMENTO (O BORIA) DEL PRETICELLO DERISO

a Mézigue

Sono un povero prete.
Guardatemi. Che pretendete
da me—che ne sapete,
con tutti questi miei bottoni
addosso, il collaretto
rigido così stretto
alla gola,
      —il cilizio,
l'uffizio—
voialtri, di vocazioni?

Non fatemi interrogazioni
spavalde. Non mi deridete.
So bene che tutti voi avete
—e vi ammiro—il piede
saldamente posato
sulle cose concrete.
Avete fatto carriere
splendide. Io, da soldato
semplice, il mio dovere
e stop. Ma, vedete:
altra cosa è la fede.
Lasciatemi. Che mai volete
da me—da questa mia
miseria senza teologia?

So anche che voi non credete
a Dio. Nemmeno io.
Per questo mi sono fatto prete.

LAMENT (OR BOAST) OF THE MOCKED LITTLE PRIEST

to Mézigue

I am a simple priest.
Look at me. What do you
know, what do you expect
from me—constrained
by all these buttons,
the modest and stiff collar
so tight around my neck,
the introit, the sackcloth—
what do you know of callings?

Do not cross-question me
with arrogance. Don't mock me.
I know well that you all
have—I admire you—
your feet solidly planted
on concrete things. You have
achieved splendid careers.
As a plain soldier, I
did my duty. That's all.
But, understand: faith is
quite a different story.
Oh, let me be. What is it
you want from me—this misery
of mine without theology?

I also know you don't believe
in God. Neither do I.
That's why I joined the priesthood.

Ma, amici, non mi fraintendete.
Per tutti, c'è una parete
in cui dobbiamo cozzare.
Da giovane amavo arraffare
anch'io, con la vostra sete.
Che traffici e che mercanzie
(che lucri, e che profezie
stupende per il futuro)
senza conoscere muro
di sorta, a potermi frenare!

Fors'era in me un sessuale
émpito il voler arricchire.
La Genova mercantile
dei vicoli—l'intestinale
tenebra dov'anche il mare,
se s'ode, pare insaccare
denaro nel rotolio
della risacca (ma io,
scusate, non mi so spiegare
troppo bene)—il Male
in me sembrava inculcare
con spasimo quasi viscerale.

Eppure, fu in quel portuale
caos, ch'io mi potei salvare.
Che dirvi, se la vera autrice
della mia conversione
(ma sì: non ho altra ragione
da addurre) fu una meretrice?

Alessandra Vangelo
è il suo nome e cognome.
Di Smirne: una giunone

But, friends, do not misread me.
A barrier we will crash
into, awaits us all.
When young, I loved to grab
with the same lust you had.
What traffickings, what goodies
(what profits, what stupendous
prophecies for the future)
with not a wall of any kind
around to block me!

Perhaps the wish for riches in
me was a sexual drive.
Genoa, with her shipping
and alleys—the intestinal
dark, where the sea itself,
if you listen, appears
to hoard money in the swirling
of the backwash (but I,
sorry, cannot express myself
well)—seemed to inculcate
Evil in me with something
like a visceral spasm.

Yet I managed to save
myself in that port's chaos.
Shall I tell you? the true
agent of my conversion
(yes, I have no other reason
to offer) was a whore.

Evangel Alexandra
are her last and first name.
From Smyrna: such a goddess—

così—una dannazione
per me, privo di cielo
com'ero,—che per mia ossessione
(vedete: da lei non si stacca
la mia mente) impero
ebbe, giù da Porta dei Vacca,
fino a Vico del Pelo.

Ragazzi, che baldoria
quando la gran baldracca,
in gloria, la sua apparizione
faceva, in piena Portoria!

Natiche ne ho viste, e reni
altere, su tacchi alti.
Ma il petto (e io facevo salti
così, io, nel mio letto),
quel petto che esortazione,
gente, era all'erezione!

Eh sì, sarebbe canzone
lunga, se dovessi narrare
com'io, ormai costretto
da un impeto di liberazione,
sfogai, fino all'estenuazione,
l'anima, in un portone.

All'alba me n'andai sul mare,
a piangere. Di disperazione.
Volavano bianchi d'ali
i gabbiani, e i giornali,
freschi ancora di piombo,
urlavano, in tutto tondo,
ch'era scoppiata la guerra

yet for me a damnation,
lost to God as I was—
that, to my mad obsession,
(you can see it: my mind
cannot detach itself from her)
held sway, all the way from
the Cow Gate to Hair Alley.

Boys, what a bang
when the big slut, enthroned,
made her appearance
in the port's central zone.

I saw buttocks, and haughty
hips on stiletto heels.
But her breasts (and for them
I jumped high on my bed!),
those breasts, what exhortation
they were, guys, to erection!

Yessir, it would be a long
song, if I had to tell you
how I, by now compelled
by winds of liberation,
burned my soul to extinction
near a doorway. At dawn

I dragged my feet to a pier,
to cry. From desperation.
White-winged gulls were
flying, and the newspapers,
still redolent of ink,
were screaming in bold letters
that war had broken out

dappertutto, e la terra
(ancora io non sapevo i lutti
atroci: voi, i vostri frutti)
pareva dovesse franare,
sotto i piedi di tutti.

Fu lei a venirmi a cercare,
svampata di paura.
Me la sentii crollare
addosso, sfatta creatura,
gemente, nel suo singhiozzare,
la perdita del suo introitare.

Fratelli, per norma ai lagni
delle femmine, mai
ho voluto dar retta.
Ma lì sentii una stretta
al cuore, e dei miei guadagni
(dei vostri! giacché tale
è la vita mortale)
mi vergognai, come
non so dir la ragione.

So che mi misi a pregare,
èbete, caduto in ginocchio.
E so che fissando l'occhio
torbo di lei, la parete
scòrsi, dove s'andò a infrangere
(vi prego, non mi deridete)
la marea di quel piangere.

Capii a quali danni
portassero gli immondi affanni.
E mi sentii morire,

everywhere, and the earth
(I didn't know the tragic
losses: you, your ripe gains)
seemed doomed to crumble
under everyone's feet.

Blanched with fear, it was she
who came looking for me.
I felt her fall all over me,
a destroyed being,
bemoaning in her sobs
her loss of earnings.

My brothers: as a rule,
I never paid attention
to females' jeremiads.
But there I felt a pang
in my heart and became
ashamed of my (of yours!
yes, because this is how
we mortals live)
assets, I don't know why.

I know I started praying,
like a fool, on my knees.
I also know that staring
at her blurred eyes, I saw
the wall where the flood of
(I pray, do not make fun of me)
that weeping broke.

I understood what damage
lowly cares can inflict.
And I felt I was dying,

credetemi, con un'irreligione
che, senza fare eccezione,
pone nell'arricchire
(e nel riuscire) il solo
scopo delle sue mire.

Rimasi, come dire?
stranito. Come un usignolo.
Mi feci piccolo. Solo.
In disparte. E se l'arte
posso ancora ammirare
vostra, che con le carte
in regola a costruire
v'indaffarate un presente
che non guarda al domani,
io (vi giuro: le mani
mi tremano) non so più agire
e prego; prego non so ben dire
chi e per cosa; ma prego:
prego (e in ciò consiste
—unica!—la mia conquista)
non, come accomoda dire
al mondo, perché Dio esiste:
ma, come uso soffrire
io, perché Dio esista.

Questo faccio per voi,
per me, per tutti noi.

D'altro non mi chiedete.
Sono un semplice prete.

trust me, of an irreligion
that, making no exceptions,
sets as the only end
of its manipulations
getting rich (and succeeding).

I felt, how can I put it,
strange like a nightingale.
I made myself alone.
Small and apart.
And if I still can gawk at
your art, you who with rubber-stamped
papers toil hard
to build a present that
doesn't think of tomorrow,
I do not know anymore
(I swear: my hands are shaking)
how to act, and I pray:
to whom, for what, I cannot say,
but I pray (that is my
—my only!—victory)
not, as the world's content to say,
'cause God exists:
but, as I grieve to say,
so that God may exist.

And this I do for you,
for me, for all of us.

Do not ask me for anything
else. I am only a priest.

I RICORDI

"Te la ricordi, di', la Gina,
la rossona, quella
sempre in caldo, col neo
sul petto bianco, che quando
veniva ogni mattina
a portar l'acqua (eh! il Corallo
allora non aveva ancora
tubazione) lasciava
tutto quello stordito
odore?... E Ottorina,
te la ricordi Ottorina,
la figlia del fiaschettiere
di fronte, che tutte le sere
(pensa! par che abbia preso marito,
lo "scandalo del Quartiere")
su e giù in ciabatte, e senza
calze, così magrolina
(sembrava che avesse sempre
la febbre, tanto le bruciava
la bocca) si sbaciucchiava
—su e giù, lì sul marciapiede!—
col suo bel brigadiere?...
E Italia, di', quella polpettona
d'Italia, te la ricordi
Italia..."

       Ma io i ricordi
non li amo. E so che il vino
aizza la memoria, e che
—lasciato in tavola il mazzo
ancora non alzato—quei tre

Remembrances

"Do you remember Jannine,
the redhead, the one
always in heat, a white
mole on her white breast, who
every morning would come
to bring water (the Coral
House had no pipes) and leave
that wild perfume? And do
you remember Ottorina,
Ottorina the daughter
of the wine man across the street,
she who every evening
(just think: it seems that she
got married, she "the scandal
of the Neighborhood") up
and down in slippers, with
no stockings, and so thin (she
looked ever in a fever,
so much did her mouth burn)
kissed and kissed (up and down
the sidewalk, yes, right there!)
her handsome brigadeer?
And Italia, the stacked one,
do you remember Italia?"

But I don't love remembrances
and know that wine sets memory
on fire, and that those three
—the deck of cards undealt
on the table—would have

avrebbero fino all'alba
(all'alba che di via Palestro
fa un erebo) senza un perché
continuato a evocare
anime... Così come il mare
fa sempre, col suo divagare
perpetuo, e sul litorale
arena le sue meduse
vuote—le sue disfatte
alghe bianche e deluse.

Scostai la sedia. M'alzai.
Schiacciai nel portacenere
la sigaretta, e solo
(nemmeno salutai)
uscii all'aperto. Il freddo
pungeva. Mille giri
di silenzio faceva
la ruota del guardiano
notturno—la sua bicicletta.

Svoltai l'angolo. In fretta
scantonai nel cortile.

Ahi l'uomo—fischiettai—
l'uomo che di notte, solo,
nel gelido dicembre,
spinge il cancello e—solo—
rientra nei suoi sospiri...

continued until dawn
(the dawn that makes a hell
of Via Palestro) to
summon souls with no reason...
Just as the sea always does,
with its perpetual wandering,
stranding on its coastline
emptied-out jellyfish—
its undone algae, white
and frustrated.

        I moved
the chair and stood up,
stubbed out my cigarette
in the ashtray, and went
(without saying good-bye)
outside. The cold
stung. The night watchman's
wheel—his bicycle—was
making a thousand silent

spins—I turned round the corner,
slunk into the courtyard.

Ah, man—I whistled—man
who all alone, at night—
in the frost of December—
opens the gate and trudges,
alone, back to his sighs...

Il gibbone

a Rina

No, non è questo il mio
paese. Qua
—fra tanta gente che viene,
tanta gente che va—
io sono lontano e solo
(straniero) come
l'angelo in chiesa dove
non c'è Dio. Come,
allo zoo, il gibbone.

Nell'ossa ho un'altra città
che mi strugge. È là.
L'ho perduta. Città
grigia di giorno e, a notte,
tutta una scintillazione
di lumi—un lume
per ogni vivo, come,
qui al cimitero, un lume
per ogni morto. Città
cui nulla, nemmeno la morte
—mai,—mi ricondurrà.

THE GIBBON

to Rina

No, this is not my country.
Here—among so
many people who come and go—
I'm far away and lonely
(a stranger) like the angel
in a church where there is
no God. Like, at the zoo,
the gibbon. In my bones

another city lies
that consumes me. Over there.
I have lost it. A city
gray by day and by night
a conflagration of lights—
a light for each living creature
as in a graveyard there
is one for each of the dead.
A city, to which nothing
ever, not even death,
will bring me back.

DA

IL MURO DELLA TERRA

(1964–1975)

FROM

THE EARTH'S WALL

(1964–1975)

IL VETRONE

e a chi?

"Non c'è più tempo, certo,"
diceva. E io vedevo
lo sguardo perduto e bianco
e il cappottaccio, e il piede
(il piede) che batteva
sul vetrone—la mano
tesa non già lì allo stremo
della scala d'addio
per un saluto, ma forse
(era un'ora incallita)
per *chiedere la carità.*

Eh Milano, Milano,
il Ponte Nuovo, la strada
(l'ho vista, sul Naviglio)
con scritto: "Strada senza uscita."
Era mio padre: ed ora
mi domando nel gelo
che m'uccide le dita,
come—mio padre morto
fin dal '56—là
potesse, la mano tesa,
chiedermi il conto (il torto)
d'una vita che ho spesa
tutta a scordarmi, qua
dove "Non c'è più tempo,"
diceva, non c'è
più un interstizio—un buco
magari—per dire
fuor di vergogna: "Babbo,
tutti non facciamo altro
—tutti—che   ."

BLACK ICE

and to whom?

"Our time is up, for sure,"
he would say, and I saw
his lost, colorless glance,
his ragged coat, his foot
(his foot) stamping the ice —
the hand outstretched not in
greeting (there on the last
step of the farewell stair)
but maybe (it was a tough
hour) to *ask for alms.*

Alas, Milan, Milan,
Ponte Nuovo, and the road
(spotted on the Canal)
that bore the sign "Dead End."
It was Father: and now
I wonder in the frost
that punishes my fingers
how — Father being dead
since '56 — he could
ask with an outstretched hand
for my accounting of
(the error of) a whole life
spent in forgetting, here
where "Time is up," he used
to say, there's not one crack,
a hole out of which to
utter without shame, "Dad
we all do it, all of us   ."

L'IDALGO

Deo optimo maximo

"Ma," domandai (il vinaio
si forbiva la bocca
col pollice), "che ne è," domandai,
"di quel vecchio (alto,
bell'uomo—un cappellaio,
credo) che tutte le sere
(lo chiamavo l'Idalgo)
"Salute a lei!" squillava
sollevando il bicchiere?"

L'altro, che ricontava
e ricontava sul banco
il contante, "ah Franco,
già..." ma io intanto
(io intanto) io dove ormai svagavo
con la mia mente—dove
finivano le parole
distratte, al grido
("Salute a lei!" squillava)
già alzato dal rimorchiatore
allo scalo?... Udii,
di piombo, cadere le ore
dalla Torre. Pagai.
Uscii. E mai,
mai io (un cappellaio,
certo; bell'uomo) mai,
nel buio di quelle gialle
luci d'acqua, mai
io avevo avuto più freddo
nel mio gabbano—il solo

128

THE HIDALGO

Deo optimo maximo

"But," I asked (the innkeeper
was wiping his mouth with
his thumb), "whatever
happened," I asked, "to that
old man (tall, handsome, a
hatmaker, I think) that every
evening (I called him the
Hidalgo) shouted 'Cheers!,'
lifting his glass?"

The other one, who was counting
and recounting the dough
on the counter, "Yes, Frank..."
but in the meantime I,
I (in the meantime) wandered
with my mind back to where
the absent-minded words
ended up, to the toot
("Hello to you!" was ringing)
already raised from the
tugboat at the pier?... I
heard leaden hours toll
from the Tower. I paid.
I went out, and I never
(a hatmaker, and handsome)
in the dark of those yellow
water lights, never was
I colder in my cloak—
the only memory of my

ricordo che di mio padre morto
(lo chiamavo l'Idalgo)
quel giorno, come ogni altro, ancora
mi coprisse le spalle.

dead father (I used to call him
the Hidalgo) that on that
day, like any other, still
lay on my shoulders.

L'ESITO

Sono stremati. Tentano
(è l'ultimo sforzo) di issare
la bandiera. Ma quali
cani la mordono
già, sotto i rottami
del cielo, mentre storditi
gli altri con le unghie raschiano
i sassi, in cerca
d'un grido di trionfo?

                      Hanno
l'occhio di piombo—il fiato
a pezzi.

           Vorrebbero,
compiuta la missione, accecare
anche i fulmini.

                Sanno
che lo sterminio forse
li ha preceduti. E quasi
piangerebbero, se ora
il pianto avesse un senso.

                    A chi,
si chiedono, annunziare l'esito,
se a valle li stanno a guardare
soltanto i morti, e alle spalle
la sodaglia del mare?

THE OUTCOME

Exhausted. They still try
(their final push) to raise
the flag. But what kind of
dogs tear at it already
under the wreckage of the sky,
while the others, stunned, are scraping
the stones with their nails, hoping
for shouts of victory?

                    Their eyes
are glassy—they can't breathe.

...They would, mission accomplished,
blind even bolts of lightning.

They know that slaughter has
perhaps preceded them.
And they would almost cry,
if crying made sense now.

Whom do we bring the outcome to,
they ask, if from the valley
only the dead are watching us
and at our back the flotsam of the sea?

TUTTO

Hanno bruciato tutto.
La chiesa. La scuola.
Il municipio.

        Tutto.

Anche l'erba.

         Anche,
col camposanto, il fumo
tenero della ciminiera
della fornace.

        Illesa,
albeggia solo la rena
e l'acqua: l'acqua che trema
alla mia voce, e specchia
lo squallore d'un grido
senza sorgente.

        La gente
non sai più dove sia.

Bruciata anche l'osteria.
Anche la corriera.

        Tutto.

Non resta nemmeno il lutto,
nel grigio, ad aspettar la sola
(inesistente) parola.

EVERYTHING

They have burned everything.
The church. The school.
The courthouse.

        Everything.

Even grass.

        Even, with
the graveyard, the soft smoke
of the kiln stack.

        Unharmed
just sand and water emerge:
water that tumbles at my voice
and mirrors the squalor of a cry
without a source.

        One doesn't know anymore
where people are.

They burned the tavern, too.
The bus, also.

        Everything.

In the grayness, not even
mourning remains to wait
for the only (nonexistent) word.

I COLTELLI

"Be'?" mi fece.
Aveva paura. Rideva.
D'un tratto il vento si alzò.
L'albero, tutto intero, tremò.
Schiacciai il grilletto. Crollò.
Lo vidi, la faccia spaccata
sui coltelli: gli scisti.
Ah, mio dio. *Mio Dio*.
Perché non esisti?

THE KNIVES

"Well?" he said to me. He
was afraid and then laughed.
The wind rose suddenly.
The whole tree shook. I pulled
the trigger. He fell down.
I saw his face ripped open
on the knives of the schists.
Ah, my god. *My God*.
Why don't you exist?

Schists: cutting rocks.

A MIO FIGLIO ATTILIO MAURO
CHE HA IL NOME DI MIO PADRE

Portami con te lontano
                          ... lontano...
nel tuo futuro.

Diventa mio padre, portami
                          per la mano
dov'è diretto sicuro
il tuo passo d'Irlanda
—l'arpa del tuo profilo
biondo, alto
già più di me che inclino
già verso l'erba.

                          Serba
di me questo ricordo vano
che scrivo mentre la mano
mi trema.

                Rema
con me negli occhi al largo
del tuo futuro, mentre odo
(non *odio*) abbrunato il sordo
battito del tamburo
che rulla—come il mio cuore: in nome
di nulla—la Dedizione.

To My Son Attilio Mauro
Who Bears My Father's Name

Carry me with you far,
                    o far away,
into your future. Be

my father,
                take me by the hand
there where your Irish step
is sure to land
—the harp of your profile,
blond and already taller
than I who right now bend
down towards the grass.

Keep this diaphanous
souvenir of me writing
while my hand's shaking.

                            Row

with me inside your eyes to
your future's high sea, as I
hear (but not *hate*) the glum
muffled beat of the drum
that rolls like my heart for
nothing but Resignation.

ANCH'IO

Ho provato anch'io.
È stata tutta una guerra
d'unghie. Ma ora so. Nessuno
potrà mai perforare
il muro della terra.

BIBBIA

Ah mia famiglia, mia
famiglia dispersa come
quella dell'Ebreo... Nel nome
del padre, del figlio (nel *mio*
nome) ah mia casata
infranta—mia lacerata
tenda volata via
col suo fuoco e il suo dio.

I, Too

I, too, have tried.
It has all been a war
of fingernails. Now I know.
No one will ever manage
to bore through the earth's wall.

Bible

O my family, my
family scattered like the Jew's...
In the name of the father,
the son (in *my* name) ah
my broken lineage—
my torn tent blown away
with its fire and its god.

PAROLE (DOPO L'ESODO) DELL'ULTIMO DELLA MOGLIA

Chi sia stato il primo, non
è certo. Lo seguì un secondo. Un terzo.
Poi, uno dopo l'altro, tutti
han preso la stessa via.

Ora non c'è più nessuno.

      La mia
casa è la sola
abitata.

   Son vecchio.
Che cosa mi trattengo a fare,
quassù, dove tra breve forse
nemmeno ci sarò più io
a farmi compagnia?

Meglio—lo so—è ch'io vada
prima che me ne vada anch'io.
Eppure, non mi risolvo. Resto.
Mi lega l'erba. Il bosco.
Il fiume. Anche se il fiume è appena
un rumore ed un fresco
dietro le foglie.

    La sera
siedo su questo sasso, e aspetto.
Aspetto non so che cosa, ma aspetto.
Il sonno. La morte direi, se anch'essa
—da un pezzo—già non se ne fosse andata
da questi luoghi.

Words (After the Exodus) of the Last One from Moglia

Whoever was the first
is not certain. A second
followed him. A third. Then,
one after another
they all took the same path.

Now none are left.

                    My house
is the only one inhabited.

I'm old. What's keeping
me up here, where
maybe in a little while
I myself won't exist
to keep me company?

Better—I know—for me to go
before I myself leave.
And yet I can't decide. I stay.
The grass, the woods detain me.
The river. Though the river
is just a noise, some coolness
behind leaves.

                    In the evening,
I sit on this stone, waiting.
What for, I do not know.
But I await: sleep, death—
although he too forsook
these places long ago.

                    Aspetto
e ascolto.
                    (L'acqua,
da quanti milioni d'anni, l'acqua,
ha questo suo stesso suono
sulle sue pietre?)

                    Mi sento
perso nel tempo.

                    Fuori
del tempo, forse.

                    Ma sono
con me stesso. Non voglio
lasciar me stesso—uscire
da me stesso, come
la notte, dal sotterraneo
il grillotalpa in cerca
d'altro buio.

                    Il trifoglio
della città è troppo
fitto. Io son già cieco.
Ma qui vedo. Parlo.
Qui dialogo. Io
qui mi rispondo e ho il mio
interlocutore. Non voglio
murarlo nel silenzio sordo
d'un frastuono senz'ombra
d'anima. Di parole
senza più anima.

                    Certo

I wait
     and listen.
          (Water:
how many million years
has water made the same
sound on its stones?)

          I feel
lost in time.

       Out of time,
maybe.

     But I am with
myself. I do not want
to leave my self—get out
of my self like, at night,
from underground the mole-
cricket looking for yet
more murkiness.

        The clover
of the city is already
too thick. I'm almost blind.
But here I see. I speak.
Dialogue. Here I answer
myself and am my own
spokesman. I do not want
to bury him in the dead
emptiness of loud bray
without soul. Of words that
do not harbor a soul
anymore.

     Surely

(è il vento degli anni ch'entra
nella mente e ne turba
le foglie) a volte
il cuore mi balza in gola se penso
a quant'ho perso. A tutta
la gaia consorteria
di ieri. Agli abbracci. Gli schiaffi.
Alle matte risate,
la sera, all'osteria
dietro le donne. Alte
da spaccar le vetrate.

Ma non m'arrendo. Ancora
non ho perso me stesso.
Non sono, con me stesso,
ancora solo.

   E solo
quando sarò così solo
da non aver più nemmeno
me stesso per compagnia,
allora prenderò anch'io la mia
decisione.

   Staccherò
dal muro la lanterna
un'alba, e dirò addio
al vuoto.

   A passo a passo
scenderò nel vallone.

Ma anche allora, in nome
di che, e dove

(it is the wind of years
enters the mind and stirs
its leaves) at times my heart
leaps to my throat if I
think of what I have lost.
Of yesterday's glad family.
Of the hugs and the slaps.
Of laughing (nights) like crazy
about women in the pub.
A din that cracked the windows.

But I don't give up. I
haven't lost myself yet.
I'm not alone.

                Only
when I am so alone
that I won't even have
myself for company,
will I, too, make my choice.

   One dawn I'll take
the lantern off the wall
and say goodbye
to the void.

              Step by step
I'll come down to the valley.

Yet even then, in whose
name and where will I find

troverò un senso (che altri,
pare, non han trovato),
lasciato questo mio sasso?

a meaning (that apparently
others did not discover)
after leaving my rock?

L'AULICO EGOISTA

Ed ora, disse, lasciamo
la stanza dell'amico infermo. Saliamo
insieme sulla terrazza
della Cattedrale, e insieme
—sollevato il bicchiere—
brindiamo, goethianamente,
al bel sole cadente.

L'amico infermo è il poeta tedesco Herder.

THE HIGHFLOWN EGOIST

And now, he said, let's leave
our sick friend's room, climb
together up the Cathedral's
parapet, and with our glasses
lifted, let's toast together,
Goethe-like, the fine sunset.

The sick friend is Herder.

DA
IL FRANCO CACCIATORE
(1973–1982)

FROM
THE SNIPER
(1973–1982)

L'OCCASIONE

L'occasione era bella.
Volli sparare anch'io.
Puntai in alto. Una stella
o l'occhio (il gelo) di Dio?

RIBATTUTA

*Il guardacaccia,
con un sorriso ironico:*

—Cacciatore, la preda
che cerchi, io mai la vidi.

*Il cacciatore,
imbracciando il fucile:*

—Zitto. Dio esiste soltanto
nell'attimo in cui lo uccidi.

THE CHANCE

The chance was good.
I too wanted to shoot.
I aimed upward. A star
or the eye (the ice) of God?

REPARTEE

*The gamewarden, with an
ironic smile:*

—Hunter, the prey you seek
I never saw.

*The hunter, taking
hold of his gun:*

—Shhh. God exists only
at the moment you kill him.

LUI

No, il paese non è
spopolato.
                Sono
tutti nel bosco.
                        Tutti
alla battuta.

                Dicono
che solo ritorneranno
a opera fatta.

                        È un anno,
più d'un anno, ormai.

Quello che ritroveranno,
non se l'aspettano: *lui,*
che loro hanno ucciso, qui
più vivo e più incombente
(più spietato) che mai.

HIM

No, the country is not
deserted.
        They have all
gone on a hunt.

           They say
they will be back
only when the job's done.

By now it's been a year,
no, longer than a year.

They can't imagine
what they will find:
him, whom they have killed, here
more alive and more looming
(more pitiless) than ever.

TELEMESSA

Gridava come un ossesso.
"Cristo è qui! È qui!
LUI! Qui fra noi! Adesso!
Anche se non si vede!
Anche se non si sente!"

La voce, era repellente.

Spensi.
        Feci per andare al cesso.

Ci s'era rinchiuso *LUI*,
a piangere.

        Una statua di gesso.

TELEMASS

Like a madman he yelled:
"Christ is here! He is here!
HIM! Among us! Right now!
Even if you can't see Him
or hear Him anyhow."

His voice was quite repulsive.

I turned it off and walked
to the bathroom. Inside

HE had locked *HIMSELF* up
to cry.

A statue of chalk.

Atque in Perpetuum, Frater...

Quanto inverno, quanta
neve ho attraversato, Piero,
per venirti a trovare.

Cosa mi ha accolto?

              Il gelo
della tua morte, e tutta
tutta quella neve bianca
di febbraio—il nero
della tua fossa.

           Ho anch'io
detto le mie preghiere
di rito.

      Ma solo,
Piero, per dirti addio
e addio per sempre, io
che in te avevo il solo e vero
amico, fratello mio.

ATQUE IN PERPETUUM, FRATER...

How much winter, how much
snow have I endured, Peter,
to come visit you.

                       What
welcomed me? The frost
of your death, and all that
spotless February snow—
the dark of your grave.

                    I,
too, said my ritual
prayers.

            But only, Peter,
to say goodbye to you
forever and ever,
I who had in you my
only true friend,
dear brother.

FOGLIE

Quanti se ne sono andati...

Quanti.

Che cosa resta.
Nemmeno
il soffio.

Nemmeno
il graffio di rancore o il morso
della presenza.

Tutti
se ne sono andati senza
lasciare traccia.

Come
non lascia traccia il vento
sul marmo dove passa.

Come
non lascia orma l'ombra
sul marciapiede.

Tutti
scomparsi in un polverio
confuso d'occhi.
Un brusio
di voci afone, quasi
di foglie controfiato
dietro i vetri.

LEAVES

So many have gone

                   away... So many.

What remains?
                  Not even
a breath.

          Not even the
gnawing of rancor or
the sting of presence.

                  All
have gone and left no trace.

Just as the wind leaves no
track on the marble where it goes.

Just as, on the sidewalk,
a shadow leaves no imprint.

All disappeared in a
indistinct dust of eyes.

A buzz of voices with no voice,
as if of leaves against the wind
behind the panes.

Foglie
che solo il cuore vede
e cui la mente non crede.

Leaves that
only the heart sees and
the mind does not believe in.

I PUGNI IN VISO

"La morte non mi avrà vivo,"
diceva. E rideva,
lo scemo del paese,
battendosi i pugni in viso.

LO SPATRIATO

Lo hanno portato via
dal luogo della sua lingua.
Lo hanno scaricato male
in terra straniera.
Ora, non sa più dove sia
la sua tribù. È perduto.
Chiede. Brancola. Urla.

Peggio che se fosse muto.

PUNCHES

"Death will not have me alive,"
he was saying, and laughing
(the village idiot), while
punching himself in the face.

EXPATRIATE

They have taken him away
from his mother tongue.
They have rudely unloaded him
in a foreign land.

Now he does not know where
his tribe is. He is all thumbs.
Begs. Fumbles. Bawls. Worse than
if he had no tongue.

ALBÀRO

Se al crepuscolo, almeno,
ci fosse, dietro i vetri, il mare...

Mazas 1°...
                    Studio
28.

    Amore...

            Tremore
in trasparenza...

                Se almeno
questo fosse il rumore
del mare...

        Non
lo sopporto più il rumore
della storia...

            Vento
afono...

        Glissando...

                Sparire
come il giorno che muore
dietro i vetri...

            Il mare...

Il mare in luogo della storia... '

                    Oh, amore.

ALBÀRO

If at least in this twilight
beyond the window were the sea...

Mazas 1°...
                    Atelier 28.

Love...

                A trembling in transparency...

If this noise
were at least
the noise of the sea...

                            I
can't stand the stridor
of history
any longer...

                    Wind
with no music...

                    Glissando...

                                To vanish
like the day that is dying
behind the window...

                    The sea...

The sea in place of history...

                        my love.

Delizia (e saggezza) del bevitore

a Luigi Volpicelli

Bicchiere dopo bicchiere.

D'un bel rosso.

                    Acceso.

In fiamma con la trasparenza
dell'albero.

            È solo
(è sera) al tavolo
d'uscio dell'osteria.

Guarda la via andar via
verso il bosco e il buio.

Sa l'ombra.
                    Ma è in allegria.

Carezza la bottiglia
con mano amorosa.

(Beve vino, o una rosa?)

170

ECSTASY (AND WISDOM) OF THE DRINKER

to Luigi Volpicelli

Glass after glass.

A carmine red.

        Fire.

Burning with the translucency
of the tree.

        He's alone
(it's evening) at the pub's
table right by the door.

Watches the way fade out
into the woods, the night.

He knows the shadow.
           But his heart is bright.

In loving pose
he hugs the bottle. (Does

he drink wine, or a rose?)

ARIA DEL TENORE

Andante,
un poco convulso.

Col fucile spianato.
Ai ferri corti, ormai.

Ciascuno dietro il tronco
d'un leccio.

              Si spiavano.

A pochi passi.

              Mai
un'allegria più ardente
li aveva colti.

              Si amavano,
quasi.

         Coivano.

Nell'odio che li inceneriva, quasi
avrebbero voluto abbracciarsi
prima di sparare.

              Può darsi
che faccia di questi scherzi
l'amore, quand'è totale.

Intorno, non un animale.
Non un'ombra.

TENOR'S ARIA

Andante,
un poco convulso

At gunpoint, now.
At loggerheads.

Each one behind the trunk
of a holly.

        And spying

just a few steps away.

Never had a more ardent
glee possessed them.

              Almost
they loved each other.

                Bound.

In the hatred that burned them,
they would have almost hugged
each other before shooting.

Perhaps love plays these tricks,
when it is total.

Around them, not an animal.
Not one shadow.

Soli.

Si mise a nevicare.
Lepri bianche.

Bianche
felci, fra ginepri
da Albero di Natale.

Tutto un bianco mentale
di bianca infanzia.

Un mare
bianco di gioia, fra i lecci
che restavano neri
nel bianco dei pensieri.

Si odiavano, inteneriti
fratelli.

Abele
e Caino.

In ruoli
reversibili.

Immagini
d'uno stesso destino
o amor perfetto.

Soli!

Un uomo solo in due.
Due uomini in uno.

Alone.

It started to snow.
White hares.

White ferns,
among some junipers
perfect for Christmas trees.

A thorough mental white
of white childhood.

A sea
white with joy, among hollies
that remained dark amidst
candor of thoughts.

They couldn't stand each other,
like mawkish brothers.

Abel

and Cain exchanging roles.

Images of the same
destiny or perfect love.

Alone!

One man in two.
Two men in one.

Due io affrontati.
Un solo io.

> Godevano.

Forse tutti e due sapevano
che l'uomo uccide se stesso
—l'uomo—uccidendo l'altro?

Orgasmo del suicidio.
Nel lento stillicidio
dell'ora, centellinavano
la propria morte.

> Soli!

Ancora nevicavano
lepri di silenzio e felci.

Da un anno si braccavano,
nei luoghi dove più vivo
era il trambusto.

> Al porto.

Alla stazione.

> Nel torto
budello della city.

> Invano.

Two selves facing each other.
One self.

    They were enjoying it.

Perhaps they both knew that
man kills himself—kills man—
by killing the other one?   '

Orgasm of suicide.
In the painstaking dripping
of the hour, they nursed
their death.

      Alone!

Hares of silence and ferns
were snowing still.

They had been hounding
each other a year, in places
where fighting was the rule.

     At the port.

     At the station.

In the contorted guts
of the city.

    No use.

La macchia gli aveva dato una mano.
Offerto l'occasione.

Ora, assaporavano lenti
l'attimo.

Finalmente giunta
l'ora dell'uccisione.

Col fucile spianato.
Ai ferri corti.

Li colsi
di soprassalto.

Nessuno
dei due voleva per primo
scaricar l'arma.

Premetti
a bruciapelo il grilletto.

Li vidi cadere insieme
sotto la raffica.

L'urlo
che alzarono, mi colpì in petto
come piombo.

Fuggii.

Mi brucia nella memoria,
ancora, la mia vile vittoria.

The woods had helped them now,
had given them a chance.

Now slowly they were relishing
the moment.

                The hour at last
of the killing had come.

At loggerheads.
At gunpoint.

I came upon them suddenly.

Neither wanted to be

the first to shoot.

                And so
I fired pointblank.

I saw them fall together.

The scream they gave hit me—
lead—in the chest.

                I fled.

Still my vile victory
burns in my memory.

DA

IL CONTE DI KEVENHÜLLER

(1979 – 1986)

FROM

THE COUNT OF KEVENHÜLLER

(1979–1986)

AVVISO

In questo momento giunge alla notizia della Conferenza Governativa, che la Campagna di questo Ducato trovasi infestata da una feroce Bestia di colore cenericcio moscato quasi in nero, della grandezza di un grosso Cane, e dalla quale furono già sbranati due Fanciulli.

Premurosa la medesima Conferenza di dare tutti li più solleciti provvedimenti, che servir possano a liberare la Provincia dalla detta infestazione, ha disposto che debba essere subito combinata una generale Caccia con tutti gli Uomini d'Armi delle Comunità, col Satellizio di tutte le Curie, e colle Guardie di Finanza.

Al tempo stesso rende inoltre noto, che da questa Tesoreria Camerale verrà pagato il premio di cinquanta Zecchini effettivi a chiunque, o nell'atto della suddetta generale Caccia, o in altra occasione avrà uccisa la predetta feroce Bestia: somma, che verrà subito sborsata dal Regio Cassiere Don Giuseppe Porta, in vista del Certificato, che rilascerà il Regio Delegato della Provincia, nel di cui Territorio la detta Bestia sarà stata ammazzata.

Milano li 14 Luglio 1792.
       IL CONTE DI KEVENHÜLLER.

PRONTO EFFETTO

L'AVVISO del Conte fu accolto
quasi con frenesia.

Il sangue dà sempre allegria.
L'assassinio è esultanza.
Uccidere, un passo di danza
che sfiora la liturgia.

POSTED

At present the Government Council is informed that the countryside of this Dukedom is plagued by a ferocious Beast of an ashy color blending into black, the size of a large Dog, by which two boys have already been mauled to death.

The selfsame Council, careful to take the promptest measure that may help free the Province of such a plague, has ordered that there be organized immediately a general Hunt with all the armed men of our communities, and the cooperation of all the Parishes and Customs Officers.

In addition, the Council hereby states that the Treasury will pay an award of fifty gold coins to whoever, either in the course of the aforementioned general Hunt, or on another occasion, shoots the aforenamed ferocious Beast: that sum will be immediately disbursed by the royal cashier Don Joseph Porta, upon seeing the Certificate that the royal Delegate of the Province issues, in whose territory the aforenamed Beast has been killed.

Milan, July 14, 1792.
      THE COUNT OF KEVENHÜLLER

IMMEDIATE EFFECT

They received the Count's NOTICE
almost in a frenzy.

Blood always makes us happy.
Murder is an exultance.
To kill, a step to dance to
that's close to liturgy.

LA FRANA

No, il Conte non stravedeva.
Anzi, aveva avuto fiuto, il Conte.

Giorno: il 14 luglio.
Anno: quello tra Il Flauto Magico,
a Vienna, e, a Parigi, il Terrore.

In lui, non il minimo errore
di calcolo.

         Anche se non esisteva,
la Bestia c'era.

         Esisteva,
e premeva.

         Nel cuore.

Fra gli alberi.

         Sul ponte,
pugnalato e in tremore.

Uscito dalla mia tana,
guardavo—nel linciaggio
della mente—il paesaggio.

Ai miei occhi, una frana.

La frana d'un'alluvione.

La frana della ragione.

LANDSLIDE

The Count wasn't overdoing it.
Oh no: he had a good nose.

Date: July the 14th.

Year: between the Viennese
Magic Flute and the Paris
Terror.
                    In him not the least
miscalculation.

                         Even
if it did not exist,

the Beast was there, and lived,

lay heavy on the heart.

Through trees

                    and on the bridge
stabbed and atremble.

Out of my den, I looked
—in the mind's lynching—at
the landscape.

               To my eyes,

a landslide, inundation.
The submersion of reason.

ALL'AMICO APPOSTATO

Presta bene orecchio,
amico, a quel che ti dico.

Tu miri contro uno specchio.
Sparerai a te stesso, amico.

LO STOICO MOLOSSO

Si leccava la coscia
squarciata. Faceva impressione.
Negli occhi, nessuna angoscia.
Solo un po' d'apprensione.

TO THE FRIEND IN AMBUSH

Listen well, my friend, to
what I am telling you.

You're aiming at an espejo:
you'll shoot yourself, amigo.

THE STOIC MASTIFF

He licked at his ripped thigh.
They were dismayed.
No anguish in his eyes.
Only a trifle afraid.

NEL PROTIRO

Scappai.

       Mi rifugiai
nel protiro della cattedrale.

Tentai di pregare.

         Cercai
d'ordinare la mente.

L'11 agosto.

        La fronte
mi scottava.

       Il monte
l'avevo tutto intero
sulle spalle.

       Un piombo.

Presi a seguire il sentiero
con lo sguardo—la pista
diretta, tortuosamente,
dove s'abbruna la vista.

La preda mi passò in un lampo
davanti agli occhi.

        Bionda.

Nera.

In the Vestibule

I fled,

            taking refuge
in the cathedral's vestibule.

I tried to pray.

                  I tried
to set my mind in order.

On the eleventh of August.

My forehead was on fire.

I carried the whole mountain
on my shoulders.

                  Gray lead.

I began following
the path with my eyes—
the track tortuously bound
for where you can't see right.

The prey darted before me
in a flash.

            Blond.

                Black.

Senza lasciare orma.

Non ebbi nemmeno il tempo
di spianare il fucile.

Mi sentii inerme.

Vile.

Riprovai—ma invano—a pregare,
nel protiro della Cattedrale.

(Nel Protiro, forse,
della Preda stessa?...

Di un Nome?...

Un Nume?...

Forse
di un qualsiasi animale?...)

                    Leaving
no imprint.

                    I did not
even have time to point
my rifle.

          I felt helpless.

A yellowbelly.

                    I tried
again, in vain, to pray
in the Cathedral's vestibule.

(The Vestibule perhaps
of the Prey?...

                    Of a Name?

A Numen?

                    Or perhaps
of any animal?...)

IL SERPENTE

a Giuseppe Leonelli

"Lo scatto d'una serratura".

È questo—mi chiedevo mentre
varcavo l'ultima porta
della mia voce—il serpente
che incenerì di paura
Tamino, convinto
del suo ingresso nel niente?

THE SNAKE

to Giuseppe Leonelli

"The clean snap of a lock."

Is this—I asked myself
while crossing the last threshold
of my voice—the snake that
burned Tamino (cocksure
of entering the void)
to a searing death?

IL FLAGELLO, III

Languivano.

                     Chiusi in casa
spiavano dalle porte.

Lui solo (il cacciatore
a capofitto) sapeva.

Inutile, per salvarli,
sparare alla morte.

Doveva esser altra
la mira.

               Mille volte più scaltra.

Catturare—ma vivo!—
il Desiderio di Morte.

Riportare *il flagello*
a Morgana (un giorno
di roccia), nel suo castello
senza via di ritorno.

THE SCOURGE, III

They were pining.

                      Besieged,
they peeked out of their doors.

Only he (the headlong
hunter) knew.

                   Useless to
shoot at death to protect them.

The goal was to be other.
A thousand times more clever.

To catch—but catch alive!—
the *Wish for Death*.
                     To bring
(on a grim day) the *scourge*
back to Morgan le Fay,
her castle of no return.

OH CARI

Apparivano tutti
in trasparenza.
                    Tutti
in anima.
            Tutti
nell'imprendibile essenza
dell'ombra.

                Ma vivi.

Vivi dentro la morte
come i morti son vivi
nella vita.

            Cercai
di contarli.

            Il numero
si perdeva nel vuoto
come nel vento il numero
delle foglie.

                Oh cari.
Oh odiosi.

            Piansi
d'amore e di rabbia.

                Pensai
alla mia mente accecata.

Chiusi la finestra. Il cuore.

OH DEAR ONES

They each showed up
luminescent.

        All souls
in the untenable essence
of shadow.

        But alive.

Alive inside their death
as the dead are alive
in life.

      I tried
to count them.

        But their numbers
got lost in the void,
like the number of leaves
lost in the wind.

       Oh dear ones.
Hateful ones.

      I cried
in love and anger.

        I pored
over my blinded mind.

I closed the window. My

La porta.

A doppia mandata.

heart, and I double-locked

                                  the door.

PASQUA DI RESURREZIONE

Filtravano.

        Dalle crepe
del nulla, filtravano
nell'apparenza.

        Ombre scure,
subito schiarite in forme
e colori.

        Figure
familiari.

        Fecce
da coltello.

        Nel campo
d'una rosa, la vipera
—rattratta—lingueggiava
bifida.

        Il cuore
ne sobbalzava.

        Inutile
cercar d'alzare il bicchiere.

Di colpo, lo riabbassava
—imperativo—il calo
della luce.

        La brulla

EASTER RESURRECTION

They squeezed through.

From the fissures
of nothing, they squeezed through.

Dark shadows,
soon embodied
into colors and shapes.

Familiar
figures.

From the underground.

In the field of a rose,
the coiled up viper flickered
its forkéd tongue.

The heart
gave out a shudder.

Useless to try to raise a glass.

Forbiddingly,
the dying of the light
put it down right away.

The void renascence.

risorgenza.

Il nulla.

Il calendario segnava:
Pasqua di Resurrezione.

La mente—in vino—riapprodava
nel porto della sua interdizione.

Nothingness.

The date was:
Easter Resurrection.

The drunken mind again
laid anchor in a port of prohibition.

VERSI CONTROVERSI

Erba felice.

        Mare
sempre di fortuna.

           Luce.

Vivi spari di luce
negli occhi ingombri di boschi
e di gabbiani...

         A un passo...

A un passo da dove?...

            Il *dove*
non esiste?...

        Esiste
—fra la palpebra e il monte—
tutta quest'erba felice
di nessun luogo...

          Tutto
questo inesistente mare
così presente...

         Godilo...

Godilo e non lo cercare
se non vuoi perderlo...

Controversial Verse

Velvet grass.

          Sea forever
favorable.

       Light.

Live shafts of light
into eyes filled with woods
and seagulls...

          Just one step
away...

        A step from where?

Does *where* really exist?

Rather, this velvet grass
of nowhere does
—between eyelid and mountain—

All this so present, non-
existent sea...

        Enjoy it...

Enjoy, don't look for it
or you will lose it...

Là,
fra la palpebra e il monte.

Come l'erba...

Là in fronte
a te, anche se non lo puoi arrivare...

Negalo, se lo vuoi trovare...

Inventalo...

Non lo nominare...

There,
between eyelid and mountain.

Like grass...

There right in front of you,
even if you can't reach it...

Say no, if you want to find it...

Invent it...

Do not name it...

TRE IMPROVVISI SUL TEMA
LA MANO E IL VOLTO

a Goffredo Petrassi

I

È l'ora mia.

L'ora che nella boscaglia
s'addensa il buio, e il merlo
nero sull'erba magra
fa l'ultimo salto.

                È l'ora
prenotturna.

            L'ora
romantica della malinconia,
quando una mano passa
sul volto, e annulla
città e campagne—il mare
lontano: le sue montagne.

THREE IMPROVISATIONS ON THE HAND AND FACE THEME

to Goffredo Petrassi

I

This is my hour.

When in woods darkness grows,
a blackbird makes its last
hop on the straggly grass.

It is the hour before night.

The sad, romantic hour
when a hand passes over
a face, annulling towns
and fields—the faraway
sea and its mountains.

II

È l'ora del conforto...
(...Dello sconforto...)

L'ora
quando—già all'ultimo tratto
dell'andare—al tatto
la mano risente sul volto
le capitali rase...

Il pianto
del bosco...

Le punte
delle ghiaie e del vento
spinato...

Quel vento
che sempre m'impedì l'assalto
e la vittoria...

(Il vento
e il lamento...

Il lamento
del lamantino...

Il tormento
di Genet:

di Agostino.)

II

It is the time of comfort
(and discomfort)—

                     the time
when on the last leg of the journey
touching your face you feel again
razed cities,

             mourning woods...

the stings of gravel and barbed wind...

that wind that always blocked
my raid and victory...

(The wind and the lament...

the lamantine's lament,

the torment of Genet

and of Saint Augustine.)

III

L'ora—ormai—della nottola.

Un'ora brusca.

    L'ora
quando con i suoi fili
di silenzio, l'erba
della convalle strema
l'ultimo verde.

    Un'ora
ad arma bianca.

    L'ora
di taglio tra mano e volto, dove
anche l'acqua perde
il rumore, e appena
ne increspa la superficie
una voce che chiama.

Un'ora falcidiatrice.

Un acciaio.

    Una lama.

III

Now the time of the bat.

Abrupt.

      The time when
with filaments of silence
the valley's grass exhausts
its furthest green.

A time of hand-to-hand combat,

cutting between
hand and face, when
water loses its noise
and a calling voice barely
moves its surface.

          A time

of mowing. A blade of

               steel.

CATENE

Verso la notte.

       Quando
il vento alza ancora scintille
sulle creste.

      Verso
la pietra dura, dove
risuona il passo, e cresce
solo il lichene.

      Verso
l'acciaio del fiume.

        Acciaio
che sa di catene...

......

Di tutte le braci vive
del sangue, poche bacche
rosse nel gelo.

      Poche
smarrite ortiche.

       (E un ricordo
—troppo vago—di vene.)

CHAINS

Toward the night.

                    When the wind
still raises sparks
off the peaks.

Toward the hard stone,
where steps resound and only
the lichen grows.

Toward the steel of the river.

Steel that tastes
like chains...

......

Of all the live embers
of blood, only a few berries
red in the frost.

                 A few
scattered nettles.

                (And a
remembrance—too
vague—of veins.)

MADRIGALE, 2

(Sempre con cuore)

Bruciamo la nostra distanza.
Bruciamola, mio nome.
Cessiamo di viverla come
il sasso la sua ignoranza.

PAESAGGIO

Nell'Orrido del Lupo.
Nell'orrido della vecchiaia.
Di dirupo in dirupo,
la vipera: la sterpaia.

MADRIGAL, 2

(*Appassionato, again*)

Let's burn our distance.
O let's burn it, my name.
Let's stop living it like
the stone its ignorance.

LANDSCAPE

In the Wolf's Chasm—dire.
The horror of old age.
From crag to crag, the viper:
the bristling brier.

EL DESDICHADO

(Per Sezis all'ospizio)

S'avvicinava al bicchiere
—sempre—con cuore sereno.
Qualcuno pensava—sempre—
a renderglielo veleno.

IATTURA

I
Siede solo al suo tavolo.
Si chiede con malinconia
se altra iattura ci sia
peggiore della morte del Diavolo.

Il Male, senza più fantasia.

II
(A parte—si capisce—
la persa compagnia.)

III
(Era il suo compagno diletto.
Potremmo, a far gli spiritosi, anche dire:
il suo compagno di letto.)

El Desdichado

(For Sezis in the Nursing Home)

He *always* moved his glass closer
with a serene disposition.
But someone *always* managed
to fill it with poison.

Misfortune

I

He sits alone at the table
and asks despondently
if there's a worse misfortune
than the death of the Devil.

With no imagination—Evil.

II

(With the exception, of course,
of the lost comradeship.)

III

(She was his lovely
companion. To be witty
we could also say: his love lay.)

LA PICCOLA CORDIGLIERA, O: I TRANSFUGHI

(da una località negletta dell'Alta Val Trebbia)

Fa freddo, su queste balze.
L'altezza non è molta.
            Siamo
a quota mille.
        Ma il vento.
L'esposizione, quasi
del tutto a nord.
         Il fiume
giù a fondovalle, e il gelo
che il suo alito aggiunge
alla boscaglia.

        Di faglia
in faglia, la notte
fa presto qua a coprire un cielo
già di lavagna.

        Tremiamo,
buona parte dell'anno.

Le ore, quassù, non hanno
—nemmeno sotto il Cane—vampe
o impennate di sorta.

Ma cos'importa.

        Siamo
—in profondo—lieti
di questa scelta.

THE LITTLE RANGE, OR: EXPATRIATES

(From an abandoned spot in the High Trebbia Valley)

It is cold on these cliffs.
The altitude is average.
We're at three thousand feet.
The wind, though.
Our exposure
almost completely north.
Down the valley
the river
and frost that with its breath
permeates the woods.

      From fault
to fault, night here
soon snuffs out an already
slate sky.

   We shiver
a good part of the year.

Hours up here don't flare
—not even on dog days—
or boast other extremes.

What does it matter.
      We
are—deep down—satisfied
with our choice.

È questa
—pensiamo—la temperatura giusta
della nostra salvezza.

Non abbiamo rimpianti.
Le città d'una volta
(le belle città costiere
e le bianche spiagge del sole.
Le barche. Le bandiere.
Le donne nudeggianti
sventate e pigre) la mente
più non ci turbano.

        Ormai
conosciamo i veleni
che le deturpano.

        I vili
mercati d'anime.

        Le storie
vili, nel cuore
delle sparatorie.

        Qua,
in questo acciaio, l'ombra
non tenta nemmeno i festivanti.

Di nulla—qua—noi temiamo.

Fa freddo, è vero.
Copre i muri il salnitro,

We think,
this low combustion is
our salvation.

We do not have regrets.
The towns of yesteryear
(beautiful coastal towns
and the sun-bathed white beaches.
The boats. The flags.
The lazy and air-headed
half-naked women)
no longer
upset our minds.

By now
we know the poisons
that taint them.

Cowardly
markets of souls.

The cowardly
stories, amidst gunfire.

Here,
in this steel
the shadow does not even tempt
the frolickers.

We fear
nothing here.

True, it is cold. Saltpeter
covers the walls,

e non sempre il camino
basta.
                    Ma basta
a tenerci su, all'osteria,
l'antico mezzolitro
fra gente di buona compagnia.

Viviamo di poco.

                    Al fuoco
della *bétise*, preferiamo
battere —invisibilmente— i denti.

......

Lasciateci qua. Contenti.

and the fireplace often
is not enough.
                    But the old
half-liter at the tavern
is good enough to cheer us
among folks of good company.

We live by little.
                    To the fire
of stupidity, our teeth
prefer to chatter, unseen.

......

Please leave us here. Serene.

Il delfino

a Greg Gatenby

Dovunque balza il delfino
(il mare gli appartiene tutto,
dicono, dall'Oceano fino
al Mediterraneo), vivo
là vedi il guizzo di Dio
che appare e scompare, in lui ilare
acrobata dall'arguto rostro.

È il giocoliere del nostro
inquieto destino—l'emblema
dell'Altro che cerchiamo
con affanno, e che
(il delfino è allegro—è il gaio
compagno d'ogni navigazione)
si diverte (ci esorta)
a fondere la negazione
(un tuffo subacqueo—un volo
elegante e improvviso
in un biancore di spume)
col grido dell'affermazione.

THE DOLPHIN

to Greg Gatenby

Wherever a dolphin jumps
(all the sea's his domain,
they say, from the Ocean to
the Mare Nostrum), you
see God's flash dart and hide
in him, the cheerful acrobat
with the whimsical rostrum.

He's the juggler of our
restless destiny—emblem
of the Other we look for
fretfully, and who takes
(the dolphin: merry, joyful
friend to any seafaring)
pleasure in (and exhorts us)
dissolving all negation
(an underwater dive,
a sudden, classy flight
amidst whitening spumes)
with his cry of assertion.

ALLA FOCE, LA SERA

*all'amico pittore Jean Bourillon,
alla mia infanzia, in memoria*

La vedevo alta sul mare.

Altissima.

       Bella.

All'infinito bella
più d'ogni altra stella.

Bianchissima, mi perforava
l'occhio:
       la mente.

          Viva.

Più viva della viva punta
—acciaiata—d'un ago.

Ne ignoravo il nome.

           Il mare
mi suggeriva Maria.

Era ormai la mia
sola stella.

       Nel vago

Delta, in the Evening

to my friend Jean Bourillon,
painter, and to my childhood, in memory

I saw her tall over the sea.

So tall

      and beautiful.

Infinitely more comely
than any other star.

Whiter than snow, she pierced
my eye:

      my mind.

         Alive.

More alive than the live
steely point of a needle.

I did not know her name.

         The sea
suggested Mary to me.

By now she was
my only star.

Lost in the obscurity of the night,
della notte, io disperso
mi sorprendevo a pregare.

Era la stella del mare.

La *tua* stella, Jean,
così remotamente morto
con la mia infanzia, e in una
con tutta la tua opera...

       Jean
senza fortuna...

     Amico
(in gioia e in disperazione)
dei miei sussulti...

     Di me:
della mia diffrazione
nel tempo che ormai mi allontana
—sempre più mi allontana—
dalla nascita e—forse—
(oh Jean!) dalla mia stessa morte...

 ......
 ......

I found myself in prayers.

She was the marine star—

your star, Jean, so remotely
dead with my childhood, and
dead with all of your works...

Jean without luck,

                         a friend
(in joy and in despair)
to my spasms...

                  to me,
my diffraction in time
that distances me already
(more and more) from my birth
and perhaps (oh, Jean!) from
my own death...

......
......

IL MARE COME MATERIALE

allo scultore Mario Ceroli

Scolpire il mare...

Le sue musiche...

       Lunghe,
le mobili sue cordigliere
crestate di neve...

       Scolpire
—bluastre—le schegge
delle sue ire...

       I frantumi
—contro murate o scogliere—
delle sue euforie...

Filarne il vetro in làmine
semiviperine...

       In taglienti
nastri d'alghe...

       Fissarne
—sotto le trasparenti
batterie del cielo—le bianche
catastrofi...

       Lignificare
le esterrefatte allegrie
di chi vi si tuffa...

THE SEA AS MATERIAL

to the sculptor Mario Ceroli

To sculpt the sea...
Its symphonies...

                 Its long
unceasing cordilleras
crested with snow...

                 To sculpt
the turquoise splinters of
its anger...

          The diasporas
—against bulwarks or reefs—
of its euphoria...

To blow its glass to adder-
like fangs...
            or razor-sharp
ribbons of algae...

           To
fix—under the translucent
batteries of the blue—
its white catastrophes...

              To freeze
in wood the astonished merriments
of the divers...

                    Scolpire
il mare fino a farne il volto
del dileguante...

                    Dire
(in calmerìa o in fortunale)
l'indicibile usando
il mare come materiale...

Il mare come costruzione...

Il mare come invenzione...

                    To sculpt
the sea till it becomes
the face of one who disappears...

                                        To say

(in good weather, in a storm)
the unspeakable by using
the sea as inspiration...

The sea as construction...

The sea as imagination...

DA

VERSICOLI DEL CONTROCAPRONI

(1969–19...)

FROM

CONTROCAPRONI'S NUGAE

(1969–19...)

SOSPIRO

Ah poesia, poesia.
Tristissima copia
di parole, e fuga
dell'anima mia.

SENZA TITOLO

Pensiero fisso:
il vero debellatore
di Dio, è lui, il Crocifisso?

DI CONSEGUENZA

Morto io,
morto Dio.

SIGH

Ah, poetry, poetry.
Extremely sad copy
of words, and disappearance
of my spirituality.

UNTITLED

A thought that will not die:
God's true defeater
is he, the Crucified?

SO

With me dead,
God is dead.

DA

Erba francese

(1978)

a Silvana

FROM
FRENCH GRASS
(1978)

to Silvana

BOCCIONI

La signora col cane
trotte-menu che chiesta
per strada d'un'informazione
ci accompagna un bel tratto
aux Invalides.

           La lunga
gioiosa conversazione
fra lei e Silvana.

           Il mulatto
e la sua arpa.

           Io zitto
a respirare il sole
erboso del mattino—il verde
mattino delle erbose
trotterellanti parole. ·

BOCCIONI

The lady with the trotte-
menu dog who when asked
for info in the street
comes with us for a good
tract to the *Invalides*.

                          The
long, cheery *téte-a-téte*
between her and Silvana.

The mulatto
and his harp.

                Silent me,
breathing the grassy sun
of the morning—
turf morning
of trotting, grassy words.

VECCHIAIA, O:
MORTIFICAZIONE

Al Luxembourg. Di matttina.
La giovane che in camicetta
mi chiede dov'è la latrina.

CIVILTÀ

Saint-Germain-des-Prés.
Il testone di bronzo
—fra i lauri—d'Apollinaire.

Un negro con due americani.
Il divieto d'accesso
—*anche al guinzaglio*—ai cani.

OLD AGE, OR: EMBARRASSMENT

At the Luxembourg. In the morn.
A young girl in a camisole
asking me: where's the john?

CIVILIZATION

Saint-Germain-des-Prés.
The big bronze head
—among the laurels—of Apollinaire.

A Kenyan with two Americans.
No entry—*even if*
on a leash—to canines.

QUA

La rampa a scalinata
che porta al Sacré-Coeur.

                       Giardini
da un lato—dall'altro
bianchi appartamentini.

L'aria pulita e alberata.

La cincia (o che altro uccello?) esaltata
dietro una buccia.

                Il biondo
—il blu—di due bambini.

Essere qui di casa.

Avere—qua—i vicini.

HERE

The steps ascending to
Sacré-Coeur.

                  On one side
gardens—and tiny, white
apartments on the other.

The air clean, full of trees.

The bobolink (or what
other bird?) crazy for

a rind. The blond, the blue
of two children.

                  To have
a home, my neighbors *here*.

DA

POESIE POSTUME

(1943–1995)

FROM
POSTHUMOUS POEMS
(1943–1995)

Non t'appoggiare al vento

Non t'appoggiare al vento.
Lascia le parole e il suono
di vuoto che contengono.
Un nome, un solo nome basta
a mentire. Un colore,
un aroma.

Lasciate senza nome, senza data

Lasciate senza nome, senza
data, la pietra bianca
che un giorno mi coprirà.
Col sole, prenderà
(forse) il colore
delle mie ossa—sarà,
nella sua cornice nera,
la mia faccia, vera.

Do Not Lean on the Wind

Do not lean on the wind.
Leave the words and the hollow
sound they contain.
Only one name is needed for a lie.
A color. An aroma.

Leave Without Date or Name

Leave without date or name
the white slab that one day
will cover me.
With the sun it will turn
(maybe) into the color
of my bones—it will be
framed in black my true me.

CHE LEGGEREZZA DI VELE SUL MARE

Che leggerezza di vele sul mare
bianco nella mia mente, come il lino
che nell'infanzia fu steso a asciugare
sul fildiruggine!

MA TU SEI UNA MATTINA BIANCA ED ALTA

...Ma tu sei una mattina bianca ed alta
dove perfino l'ombra va in salita
e esalta: sei la voce più pulita
e viva ch'io conosca, e sei la barca
umana che celeste è colorita
di gerani rossissimi—di vita!...

WHAT LIGHTNESS OF SAILS IN THE WHITE SEA

What lightness of sails in the white
sea of my mind, like linen
that in childhood was hung
to dry on rusty wires!

BUT YOU ARE A FULL, WHITE MORNING

...But you are a full, white morning
when even shadows climb
and exult: you are the purest,
liveliest voice that I know,
the human boat that heavenly
is colored with geraniums
blood-red with life!...

Bibliography

Works by Giorgio Caproni

Poetry

L'ultimo borgo: Poesie 1932-1978. Edited by Giovanni Raboni. Milan: Rizzoli, 1980.
Il franco cacciatore. Milan: Garzanti, 1982.
Il Conte di Kevenhüller. Milan: Garzanti, 1986.
Poesie (1932-1986). Milan: Garzanti, 1986.
Res amissa. Edited by Giorgio Agamben. Milan: Garzanti, 1991.
L'opera in versi. Edited by Luca Zuliani. Milan: Mondadori, 1998.

Fiction

Il labirinto (short stories). Milan: Garzanti, 1984.

Essays

La scatola nera. Edited by Giovanni Raboni. Milan: Garzanti, 1996.

Critical Studies of Giorgio Caproni

Pier Paolo Pasolini. *Passione e ideologia.* Milan: Garzanti, 1960, pp. 424-428.
Giuseppe De Robertis. *Altro novecento.* Florence: Le Monnier, 1962, pp. 484-488.
Giovanni Raboni. *Paragone,* n. 334, 1977.
Pier Vincenzo Mengaldo. *Poeti italiani del novecento.* Milan: Mondadori, 1978.
Italo Calvino. "Nel cielo dei pipistrelli," *La repubblica,* December 19, 1980.
    Expanded into "Il Taciturno ciarliero," in *Genova a Giorgio Caproni.* Edited
    by Giorgio Devoto and Stefano Verdino. Genoa: San Marco dei Giustiniani,
    1982. This volume gathers 19 essays and 7 testimonials.
Pietro Citati. *Corriere della sera,* July 25, 1982.
Gian Luigi Beccaria. "Caproni, la poesia, e oltre," *L'indice,* v. 1, n. 1, October 1984.
Carlo Bo. "Caproni a caccia di vita," *Corriere della sera,* August 13, 1986.
Adele Dei. *Giorgio Caproni.* Milan: Mursia, 1992.
Salvatore Ritrovato. *Profilo di Giorgio Caproni.* Bologna: Lovanio, 1996.

BIOGRAPHICAL NOTE

Giorgio Caproni was born in Livorno (Leghorn) in 1912 and died in Rome in 1990. After living in Genoa between 1922 and 1938, he fought in World War II and became a member of the Partisan Resistance. Even earlier he had shown his opposition to Fascism by contributing to *Corrente di vita giovanile*, printed in Milan. After the war, he moved to Rome, where he was, in turn, a violinist, a clerk, and an elementary-school teacher. He was also a prolific translator (Céline, Proust, Frénaud, Char, Apollinaire). From his first works (*Come un'allegoria*, 1936; *Ballo a Fontanigorda*, 1938; *Finzioni*, 1941; *Stanze della funicolare*, 1952), later merging into the recapitulative *Il passaggio d'Enea* (1956), and followed by *Il seme del piangere* (1958), Caproni passionately welcomed life and the world of the senses, creating a rich gallery of concrete, effervescent presences, of characters, and of cityscapes (Genoa, Leghorn, Paris, and many others). He had two children, to whom he was very devoted. Yet it is mostly his mother and wife that he mournfully celebrates in his work. As he grew increasingly caustic at the end of his life, not happy in a Rome he detested, Caproni's obsessive final interest became the relentless onset of nothingness and death. He looked at them in a landscape more and more elemental and devoid of history, with disenchanted firmness.

ACKNOWLEDGMENTS

Chelsea Editions thanks the editors of the following journals, in which some of these translations appeared:

Chelsea: "Lament (or Boast) of the Mocked Little Priest," "Leaves," "Three Improvisations on the Hand and Face Theme."

Italian Americana: "For Her."

Gradiva: "Bible," "Telemass," "Words (After the Exodus)."

The translator and publisher wish to thank Ann Snodgrass for her helpful suggestions, Marilyn Condini for her invaluable grasp of poetic nuances, and Victoria Palma for providing the texts of Caproni's posthumous poems.

ABOUT THE TRANSLATOR

Ned Condini, writer, translator, and literary critic, was an English teacher in Westwood, N.J., until 1999. In 1986 he received the PEN/Poggioli Award for his versions of Mario Luzi. His translations have appeared in *The Village Voice*, *Partisan Review*, *The Mid-American Review*, *Prairie Schooner*, and *Translation* (Columbia University, New York). He was the editor and translator of Legouis and Cazamian's *History of English Literature*, and he has translated Lincoln's speeches and Ben Jonson's plays into Italian. His collection of poems *Rimbaud in Umbria* was published by Multigraf in 1994, and *quartettsatz* by Bordighera in 1996. He was recently awarded the Bordighera Prize for his translation of Jane Tassi's *Andsongsongsonglessness*.